Andrea Reinhardt

JUNGS machen KUNST

Originelle Kunst-Projekte, die auch „echte Kerle“ motivieren

Verlag an der Ruhr

Impressum

Titel

Jungs machen Kunst

Originelle Kunst-Projekte, die auch „echte Kerle“ motivieren

Autorin

Andrea Reinhardt

Fotos und Titelbildmotiv

Andrea Reinhardt

Das fliegende Atelier e.V.
Kinderkunstschule Bochum

mit Unterstützung von Christian Uhe,
Birgit Koch und Sylvia Zipprick-Gaou

Verlag an der Ruhr
Mülheim an der Ruhr
www.verlagruhr.de

Geeignet für Kinder von 5–10 Jahren

Unser Beitrag zum Umweltschutz

Wir sind seit 2008 ein ÖKOPROFIT®-Betrieb und setzen uns damit aktiv für den Umweltschutz ein. Das ÖKOPROFIT®-Projekt unterstützt Betriebe dabei, die Umwelt durch nachhaltiges Wirtschaften zu entlasten.
Unsere Produkte sind grundsätzlich auf chlorfrei gebleichtes und nach Umweltschutzstandards zertifiziertes Papier gedruckt.

ISBN 978-3-8346-0700-3

Printed in Germany

Inhaltsverzeichnis

5 | Künstlerportrait
6 | Die Kinderkunstschule Bochum

1 Unser Kunstkonzept für Kinder
8 | Vielseitige Bildung durch Kunst
10 | Jungs und Kunst?
13 | Jungen an die Kunst!
15 | Projektarbeit mit Kindern
17 | Zur Arbeit mit diesem Buch
18 | Materialien fürs bildnerische Gestalten
20 | Jungs und Kunst in der Öffentlichkeit

2 Experimentelles bildnerisches Gestalten
22 | Experimentelles bildnerisches Gestalten
24 | Minibilder und Lichtkunstwerke
27 | Große Kunstwerke
28 | Rollbilder
29 | Spachtelbilder
30 | Erdbilder
32 | Natursandbilder
33 | Buntsandbilder
34 | Kunst sprühen
35 | Korkdruck und Schwammdruck
36 | Experimentelles Drucken
38 | Moosgummidruck
40 | Polyblockdruck
41 | Seidenpapierdruck
42 | Schnürsenkeldruck
43 | Tuschebilder

3 Plastisches Gestalten
46 | *Technik-Exkurs:* Plastisches Gestalten
47 | *Technik-Exkurs:* Arbeiten mit Ton
48 | Tonplastik mit Fundstücken
50 | Tonobst
51 | Tontiere
52 | Murmelbahnen
53 | Maskenskulptur
54 | Fotokunstwerke
55 | *Technik-Exkurs:* Arbeiten mit Holz
56 | Ritterburg
58 | Brückenbau

Inhaltsverzeichnis

59 | Unsere eigene Stadt
60 | Fußballfieber
62 | Spiele aus Holz

4 Das Steinzeit-Projekt
64 | *Themen-Exkurs:* Zurück in die Steinzeit
65 | Steinzeitobjekte
66 | Steinzeit-Plastik
68 | *Themen-Exkurs:* Die Höhle von Lascaux
69 | Höhlenmalerei
70 | Steinzeitlandschaften

5 Das Dino-Projekt
72 | *Themen-Exkurs:* Dinofieber
73 | Dinosauriergehege
74 | Dinosaurier abzeichnen
75 | Dinosaurier töpfern
76 | Dinosaurier-Fotografie
77 | Dinosaurierausstellung im Freien

6 Das 500-PS-Projekt
80 | *Themen-Exkurs:* Autobegeisterung in der Kunstschule
81 | Rennwagen töpfern
82 | Autorennstrecke bauen
83 | Ein Autokalender
84 | Rennfahrer-Fotomontage
86 | *Themen-Exkurs:* Autogeschichten
87 | *Kindergeschichte:* Saschas Rennwagen

7 Das Piraten-Projekt
90 | *Themen-Exkurs:* Piraten und Seefahrer
91 | Schatzkarten
92 | Piratenschiffe zeichnen
93 | Piratenleuchte
94 | Piratenportrait
95 | Piratenschiffe töpfern
96 | Piraten-Fotocollage
100 | Piratencomics
102 | Ein Piratenbuch als Gruppenarbeit
107 | *Kindergeschichte:* Der Pirat in New York

111 | Literatur- und Internettipps

Künstlerportrait

Andrea Reinhardt, Jahrgang 1976, lebt und arbeitet im Ruhrgebiet als freie Kunstpädagogin, Kulturschaffende und Fotokünstlerin. Ihr Arbeitsschwerpunkt ist die experimentelle Fotografie.

Sie besuchte von 1996–2000 die Fachschule für Sozialpädagogik in Münster. 2002/2003 machte sie ihren Sozialfachwirt am Institut für Personenzentrierte Supervision und Organisationsberatung in Dortmund.

Von 2003–2005 besuchte sie die Akademie Remscheid für musische Bildung und Medienerziehung und machte dort eine Weiterbildung mit Qualifikation für ästhetische Bildung an Jugendkunstschulen.

Neben ihrer künstlerischen Tätigkeit gründete sie im Jahr 2004 zunächst eine mobile Kinderkunstschule und besuchte Kindergärten und Grundschulen im Ruhrgebiet. 2005 eröffnete sie die **Kinderkunstschule „Das fliegende Atelier"** in Bochum mit eigenen Räumlichkeiten. Anschließend gründete sie den dazugehörigen Kunstschulverein für Kinder im Jahr 2007.

Ihre Arbeitsschwerpunkte sind die Entwicklung von kunstpädagogischen Bildungskonzepten, Projektarbeit im Bereich bildender Kunst, Literatur, Fotografie und Medien sowie die Organisation von öffentlichen Kinderkulturevents und Ausstellungen.

Seit 2009 besucht sie die freie Kunstakademie der bildenden Künste in Essen und studiert dort Freie Kunst mit den Schwerpunkten Fotografie und Interdisziplinäre Arbeit.

Die Kinderkunstschule Bochum

Mit der Gründung der Kinderkunstschule **„Das fliegende Atelier e.V."** war die Idee verbunden, Kinder bereits im Kindergartenalter an Kunst, Literatur und Medien heranzuführen und neue Lernfelder für Kinder und Erwachsene zu schaffen. Entscheidend war für uns neben der Kunstvermittlung – auch angesichts der Bildungsdebatte – die Frage, wann und wie sich schon junge Kinder zu selbstbewussten und neugierigen Kindern entwickeln können, die Lust am Lernen haben und dabei wichtige Kompetenzen erwerben, die das Leben abverlangt.

Daher legen wir großen Wert auf ein offenes, flexibles Unterrichtskonzept mit vielseitigen Angeboten und Projekten. Sechs Kunstpädagogen unterrichten an unterschiedlichen Tagen und setzen das spartenübergreifende Konzept um.
Für bestimmte Projekte werden auch Fotografen, Medienpädagogen, Bildhauer oder ganz bestimmte Künstler engagiert. Davon profitieren die Kinder sehr, da alle Unterrichtenden unterschiedliche Angebote anbieten und verschiedene methodische Herangehensweisen haben.

Über 100 Jungen und Mädchen im Alter von 3–14 Jahren besuchen die Kinderkunstschule regelmäßig wöchentlich und bleiben meistens mehrere Jahre. Dies ermöglicht uns eine kontinuierliche kunstpädagogische Arbeit sowie die Weiterentwicklung unserer Konzepte, Angebote und Projekte.

Kinder und Jugendliche werden kulturell gebildet und in drei verschiedenen Bildungsbereichen gefördert: **Kunst, Literatur und Medien.** Diese Angebote finden auch oft spartenübergreifend statt und bestehen aus angeleiteten sowie freien Angeboten.

Weitere Informationen

- www.das-fliegende-atelier.de
- www.kinder-machen-buecher.de
- www.kinder-machen-fotos.de

Das fliegende Atelier e.V.

Kinderkunstschule Bochum

Kapitel 1

Unser KUNSTKONZEPT für Kinder

Vielseitige Bildung durch Kunst

Kinder brauchen und wollen altersgemäße Bildungsabenteuer. Sie wünschen sich vielseitige Angebote und spannende Projekte, die ihren Interessen entsprechen. Kinder lieben Farben, Geschichten, mediengestützte Angebote und eigentlich alle erdenklichen kreativen Ausdrucksmittel.

Kindern frühzeitig eine künstlerisch anregende Umgebung zu bieten und deren Interesse für Kunst, Literatur und Medien zu gewinnen, bedeutet, ihre Bildungschancen zu erhöhen. Die Lust auf Bilder und Sprache trägt dazu bei, sich die Welt zu erschließen, und ist Motivation für Lern- und Bildungsprozesse.

- Im **Bildungsbereich Kunst** vermitteln wir vielfältige Techniken und fördern das freie Gestalten mit vielen unterschiedlichen Materialien. Die Kinder sollen eigene Bildideen umsetzen und ihre Kreativität entfalten können. Dazu gehört auch plastisches Gestalten.

- Im **Bildungsbereich Literatur** denken sich die Kinder eigene Geschichten aus, erfinden Gedichte, schreiben Comics und produzieren sogar selbst Bücher.

- Im **Bildungsbereich Medien** setzen sich die Kinder mit Fotografie, Computer und Film auseinander. Sie lernen verschiedene fotografische Techniken kennen, bearbeiten ihre Fotos mit dem Computer, nehmen an Fotoausstellungen teil oder erstellen einen Zeichentrickfilm.

All das ist schon mit Kindergartenkindern und Grundschulkindern möglich, **wenn man sie nur lässt**! Bei uns setzen nicht nur die Erwachsenen die Impulse, sondern auch die Kinder. Wir verstehen unsere Aufgabe darin, mit Kindern gemeinsam Projekte zu entwickeln und sie dabei zu unterstützen.

Vielseitige Bildung durch Kunst

Alle Kinder haben ganz unterschiedliche Lernvoraussetzungen, die es zu erkennen gilt. Dies setzt eine sehr sensible und aufmerksame Haltung der Kunstpraktizierenden voraus, die Kinder auf verschiedenen Ebenen auch emotional wahrnehmen und unterschiedlich fördern müssen. Lernfreude und Freude am Gestalten entwickeln sich, wenn Kinder entdecken, erforschen und erfinden dürfen. Etwas Eigenes zu erschaffen macht stolz. Kinder werden von uns positiv verstärkt in dem, was sie ausprobieren und schaffen.

Ständig staunen wir über all die verschiedenen Kunstwerke und lernen aus den Gedankengängen der Kinder dazu.

Es ist so viel möglich, was wir vorher noch nicht gesehen, gelesen oder gehört haben. Wieder und wieder werden wir von den Kinderideen großartig überrascht.

Wir betrachten uns als **Selbstlernende**, und unser Interesse kommunizieren wir mit den Kindern. Durch diese Wertschätzung treten uns die Kinder offen mit ihren Gefühlen, Gedanken und Ideen gegenüber.

Jungs und Kunst?

Seit 2006 bieten wir speziell für Jungen Kunstangebote sowie die unterschiedlichsten Projekte an. Dabei haben wir viele wichtige Erfahrungen und Erkenntnisse gesammelt.

Wir wurden im Laufe der Zeit mit vielen Vorurteilen und Unwissenheit konfrontiert. Daraufhin haben wir uns gemeinsam mit unseren Jungs auf den Weg gemacht, um Lösungen zu finden und vor allem die „Kunst für Jungs" neu zu entdecken und zu gestalten.

Ich habe dieses Buch geschrieben, weil ich oft mit der Frage konfrontiert wurde, warum Jungen nicht so viel Interesse an künstlerischen Ausdrucksformen haben. Dieser Frage bin ich mit meinen Kolleginnen nachgegangen. Die Antworten haben wir in Kindergärten und Grundschulen, im offenen Ganztag und bei unseren eigenen Schülern gesucht und gefunden.

Bei weitreichenden Recherchen in Buchläden, im Internet oder im Fortbildungssektor ist uns aufgefallen, dass es kaum Informationen, Angebote, Projekte und Veröffentlichungen zum Thema „Jungenkunst" gibt.

Des Weiteren wollen wir eine breite Palette an Materialien und deren Beschaffung aufzeigen, die ein ganz anderes künstlerisches Arbeiten für alle Kinder ermöglichen.

Jungen malen nicht gerne oder lassen sich zweimal bitten, an den Maltisch zu kommen? Das kann nicht sein! Und doch mussten wir uns eines Besseren belehren lassen.

Das Telefon klingelt, und es ist eines der vielen Gespräche, die wir oft mit Eltern führen, die sich informieren möchten: „Mein Sohn malt eigentlich nicht gerne, woran liegt es? Früher hat er so gerne gemalt", heißt es dann so oft.

Jungs und Kunst?

Die Eltern entschuldigen sich sogar bei uns, dass ihre Jungs nicht so schöne Bilder malen, wie es die Mädchen in Kindergarten und Schule tun. Liegt hier vielleicht schon eine erste Antwort? Kein Junge hört gerne, dass die Mädchen besser und schöner malen. Niemand lässt sich gerne so vergleichen.

Welche Mal- und Gestaltungsangebote bieten Kindergarten, Schule & Co für Jungen an, und wie ist die Erwartungshaltung an die Kunstwerke?

Werden bei Angeboten in Kindergarten und Schule auch die Lebenswirklichkeit und das Interessengebiet von Jungen genügend berücksichtigt, oder geht es nur um schöne und bunte Bilder? Mit welchen Materialien arbeiten Jungen eigentlich gerne?

Nun aber zurück zu unserer Ausgangsfrage: Haben Jungen denn wirklich weniger Interesse am Malen, Gestalten und kreativen Tun als Mädchen? Natürlich nicht!

Denn Jungen sind genauso wie Mädchen an künstlerischen Ausdrucksformen sehr interessiert. Jungen sind begeisterte Künstler, Forscher und Entdecker. Sie arbeiten besonders gerne experimentell und probieren gerne viele verschiedene Materialien aus. Besonders beliebt sind auch längere Projekte, in denen sie sich mit einem Thema auf verschiedenen Ebenen auseinandersetzen und ausdrücken können.

Sei es Malen, Schreiben, Fotografieren, Bauen, Formen oder Lesen: Mit Begeisterung machen Jungen mit! Im Vordergrund stehen dabei nicht die Endergebnisse eines Kunstwerkes, sondern das Kennenlernen von Neuem und das spontane Experimentieren mit Gestaltungsmöglichkeiten und Material.

Jungs und Kunst?

Oft planen Erwachsene Mal- und Gestaltungsangebote für die Kinder. Raum für selbstbestimmtes Arbeiten und eigene Ideen sind leider nicht immer selbstverständlich. Manch eine Erwachsenenvorstellung von einem Kinderkunstwerk lässt wenig Raum zum freien und experimentellen Gestalten oder für eigene längerfristige Projektideen von Kindern.

Das Sich-Ausprobieren, das Spiel mit dem Zufall, sein eigenes Kunstwerk zu schaffen oder sich längere Zeit einem Thema in der Projektarbeit zu widmen, übt mehr Motivation aus als Angebote, bei denen Kinder alle das gleiche malen sollen, strikten Bastelanleitungen nachgehen müssen oder Aufgaben bekommen, mit denen sie sich nicht identifizieren können. Vor allem wird aber bei der Freiarbeit und in der Projektarbeit deutlich, wie gerne Jungen sich längere Zeit mit Themen beschäftigen, die für sie persönlich von Bedeutung sind.

In diesem Buch sind die Angebote und Projekte zusammengefasst, die durch und mit Jungen in der Kinderkunstschule entstanden sind.

Jungen an die Kunst!

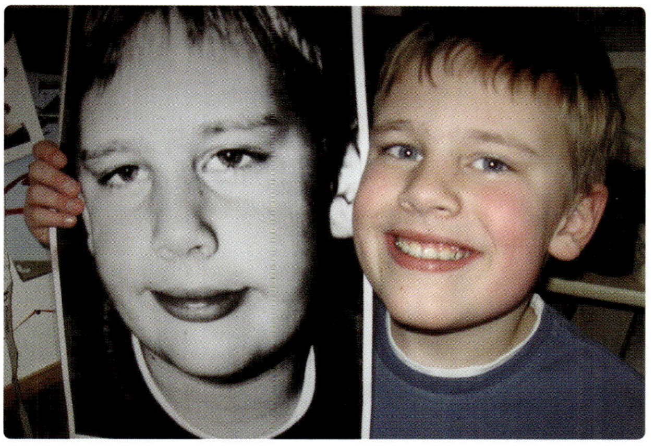

Welche Angebote und Materialien interessieren Jungen?

Die Weichen werden bereits im Kindergarten gestellt, wo Pädagogen in aller Regelmäßigkeit künstlerische Angebote und Bastelstunden planen. Ohne die Tatsache verallgemeinern zu wollen, dass überwiegend Mädchen sich regelmäßig und mit viel Freude am Maltisch beschäftigen, verschwinden die Jungs eher in der Bauecke. Sie spielen, laufen und toben lieber. Das passiert meistens dann, wenn Jungen sich nicht wirklich mit Malangeboten und Bastelvorschlägen identifizieren können, etwas langweilig finden, mit einer Aufgabe überfordert sind, keine Freude dabei haben oder andere Beschäftigungen als interessanter eingestuft werden. Dann beschließen sie, ihre Zeit lieber anders zu verbringen, was ja auch ihr gutes Recht ist. Mädchen werden öfter gelobt, weil sie schöne und bunte Bilder malen. Werden Bilder und Kunstwerke überwiegend als „schön" und „toll" bezeichnet, könnte der Eindruck bei den Jungen entstehen, dass man unbedingt etwas ganz „Tolles" und „Schönes" malen muss.

Natürlich malen Jungen auch schöne, bunte Bilder. Aber beim künstlerischen Gestalten mit Kindern ist es völlig unwichtig, was wir Erwachsene als schön empfinden und bewerten. Künstlerische Gestaltungen sollten weniger als schillernde Endergebnisse gesehen und bewertet werden, sondern auch als Möglichkeit zum persönlichen Ausdruck, um Emotionen und die eigene Weltsicht nach außen zu tragen.
Wenn Jungen sich ausdrücken, sich längere Zeit in einem Kunstwerk verlieren oder versuchen, eine bestimmte Bildidee umzusetzen, erfordert das Mut, Geduld und Selbstpreisgabe. Dann werden sie meistens ganz leise und sensibel. Gerade für Jungen, die diese Seite zeigen, könnte es unverständlich sein, dass sie nicht genauso viel Aufmerksamkeit wie die Mädchen bekommen, wenn sie künstlerisch gestalten.

Natürlich freuen sich die Jungen auch über ein Lob, aber vielmehr geht es ihnen um die Kommunikation über und die Auseinadersetzung mit ihrem Kunstwerk. Daher ist es von großer Bedeutung, mehr Bewusstsein für unterschiedliche Bildideen und deren Entstehung zu entwickeln. Selbstgeschaffene Kunstwerke, experimentelles Ausprobieren und besonders die Projektarbeit beinhalten für Kinder wichtige Prozesse und Lernerfahrungen. Kreative Kinder haben es bei Lösung alltäglicher Probleme leichter und gewinnen an Differenzierungsvermögen. Erkennen, Beurteilen und Ausdrücken hat die Kunst mit dem Leben gemeinsam.

Jungen an die Kunst!

- Wie fühlt es sich an, mit Erde zu malen?
- Wie lange dauert es, ein ganz großes Bild zu malen?
- Warum verläuft die Tusche so schnell?
- Wie kann ich eine Ritterburg bauen?

Diese Fragen und Erfahrungen interessieren Jungen sehr. Das spontane Ausprobieren ohne konkrete Vorgaben, der Prozess an sich, ohne zu wissen, wie das Kunstwerk als Endprodukt aussieht, hat einen enormen Aufforderungscharakter. Vielfältige Materialerfahrung, Raum und Zeit zum Ausprobieren schaffen ganz neue Erfahrungen und Lernmöglichkeiten für Kinder.

Nicht immer ist dies in Kindergärten, Schulen und anderen Einrichtungen möglich, da Tagesablauf, räumliche Bedingungen und finanzielles Budget spontanes und vielseitiges Arbeiten für Kinder und Pädagogen erschweren. Wie sieht es in der vorhandenen Bastelecke aus? Meistens finden Kinder dort nur Wachsmalstifte, Wachsmalblöcke, Buntstifte und dünne DIN-A4-Blätter vor.

Für jüngere Kinder ist es sehr schwer, auf einem kleinen A4-Format zu malen, da sie gerade ihre Feinmotorik entwickeln. Ältere Kinder brauchen mehr Platz, um ihre Bildideen umsetzen zu können. Größere Formate stehen selten zur Verfügung. Großer, bunter Fotokarton liegt zwar im Schrank, wird aber oft nur zu bestimmten Angeboten genutzt. Wann finden Schere, Kleber, Holz, Ton und Gips ihren Einsatz? Wenn mit flüssigen Farben gemalt wird, ist dieses Angebot oft einem Thema zugeordnet und unterliegt meistens einem festen Zeitplan ...

Vielleicht haben Sie aber die Möglichkeit, einen Platz einzurichten, an dem Kinder dauerhaft und mit mehr Material arbeiten können. Können Sie vielleicht einen Raum zeitweise umfunktionieren oder die Bastelecke erweitern? Im Sommer, wenn sich die Kinder viel im Garten aufhalten, kann eine Art Freiluftatelier mit ein paar Tischen und Staffeleien geschaffen werden. Die Kinder hätten dann immer die Gelegenheit, auch spontan künstlerisch zu arbeiten ...

Projektarbeit mit Kindern

Besonders beliebt bei unseren Jungs sind kleinere und größere Kunstprojekte, die sich aus ihrer Themenvielfalt ergeben. Dies kann starkes Interesse am Thema Dinosaurier, dem Mittelalter, einer Buchwerkstatt oder künstlerischen Techniken sein.
Die Themen werden mittels künstlerischer und plastischer Gestaltung, Literatur, Fotografie und eventuell auch durch Recherche im Internet umgesetzt.

Besonders effektiv sind Projekte, wenn nur eine begrenzte Anzahl von etwa 6–8 Kindern mitmacht und die Kinder möglichst regelmäßig an ihrem Projekt arbeiten können. Die inhaltliche Planung der Erwachsenen sollte in jedem fall genügend Spielraum für die Einfälle der Kinder bieten.

So lernen die Kinder, eigene Interessen zu entwickeln und sie selbstständig umzusetzen. Ein übergeordnetes Ziel ist dabei, entdeckendes Lernen zu ermöglichen, bei dem sich Fragestellungen von den Kindern her ergeben. Durch Ausprobieren und Recherchieren finden die Kinder selbstständig Lösungen für die Herausforderungen.

Alle Kinder besitzen eine natürliche Neugierde und eine ausgeprägte Entdeckerfreude. Wenn sich Problemstellungen ergeben und Antworten selbstständig gesucht werden, erleben die Kinder ihr Tun als höchst befriedigend und ergiebig.

Projektarbeit mit Kindern

Bei der **Projektarbeit** ziehen die Kinder nachhaltige Erkenntnisse aus thematischen Inhalten und künstlerischen Gestaltungsweisen. Gerade Jungen sind begeistert, wenn sie möglichst viel selbst herausfinden oder unkonventionelle Vorgehensweisen und Ideen erproben und umsetzen können.

Die Projektarbeit steht unter anderem auch deshalb besonders hoch im Kurs bei Jungen, weil sie gerne in Gruppen arbeiten, sich austauschen, sich gegenseitig helfen können. Dabei spielen besonders die Kommunikation und das Wissen über ein Thema eine zentrale Rolle. Jungen teilen gerne stolz ihr Wissen mit.

Die **Projektdauer** sollte sich nach dem Interesse der Kinder richten und zum Schluss zu einer gemeinschaftlichen Zusammenfassung, Präsentation oder Ausstellung führen. Gut geplante Projekte sind sicherlich um einiges arbeitsintensiver in der Vor- und Nachbereitung. Aber es lohnt sich, da die Jungen mit soviel Freude lernen und die Projektergebnisse für sie von hoher Bedeutung sind.

Zur Arbeit mit diesem Buch

Im Kapitel 2 … (S. 22–44) beschäftigen wir uns mit experimenteller bildnerischer Gestaltung und den Rahmenbedingungen, die ein künstlerisches Arbeiten erst ermöglichen. Es werden verschiedene künstlerische Techniken und der Materialumgang vermittelt. Außerdem werden Wege zur günstigen Materialbeschaffung aufgezeigt.

Das Kapitel 3 … (S. 46–62) widmet sich der plastischen Gestaltung und stellt die „Lieblingsmaterialien" der Jungs im künstlerischen und pädagogischen Kontext dar. Angebote mit Ton und Holz werden vorgestellt.

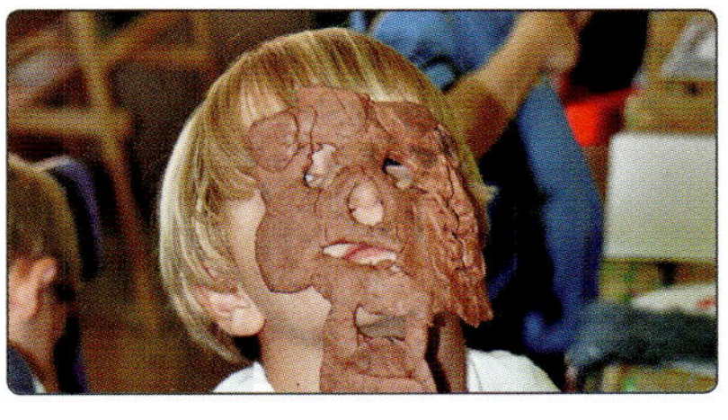

Die Kapitel 4 bis 7 … (S. 64–110) gehen auf das große Interesse der Jungen an Projektarbeit ein und stellen vier große Projekte aus den Bereichen Steinzeit, Dinosaurier, Autos und Piraten vor. Alle Projekte enthalten unterschiedliche Teilangebote aus den Bereichen Kunst, Literatur, Fotografie und Medienarbeit, die auch als Einzelangebote umgesetzt werden können.

Sie sollten vorab alle Angebote grob erläutern, aber dann sollten die Kinder sie möglichst selbstständig und offen umsetzen. Nur bei der Medienarbeit ist eine konkrete Anleitung erforderlich.

Materialien fürs bildnerische Gestalten

In Zeiten leerer Kassen wird es für Einrichtungen immer schwieriger, Angebote und Projekte für Kinder zu realisieren, die wenig Geld kosten. Kunst – oder besser gesagt, eine breit gefächerte Kunsterziehung – ist jedoch ohne einen Grundstock an Materialien nicht möglich. Daher raten wir auf jeden Fall, die stark variierenden Materialpreise zu vergleichen.

Die verschiedensten Farben, Pastellkreiden, Gips, Ton, Papiere, Pinsel und viele andere Materialien bekommen sie im Künstler-Großhandelsbedarf sehr viel günstiger als in Kindergarten-Bestellkatalogen oder in Bastelläden. Auch die Bestellung im Internet vereinfacht vieles und erspart Ihnen Zeit und Kosten. Viele Dinge, die dem kindlichen Gestaltungsdrang entsprechen, gibt es sogar kostenlos. Textilläden verschenken Stoffreste und Knöpfe, Baumärkte haben oft verschiedenartige Holzreste übrig, die sie sonst wegwerfen würden. In Tapetenläden gibt es Tapetenreste gratis, Druckereien und Copyshops haben große Papierblätter und Pappe zu verschenken, wenn man höflich nachfragt.

Selbst Computer und Drucker werden von Firmen gespendet, wenn sie z.B. neue Geräte anschaffen und die älteren Modelle nicht mehr benötigen. Hier empfiehlt es sich, mit Eltern in Kontakt zu treten, die sich gerne für ihre Kinder engagieren und eventuell über verschiedene Netzwerke und Informationen verfügen.

In einer Art Sammelaktion können Kinder Schachteln, Plastikflaschen und ähnliches besorgen. In der Natur finden Kinder Äste, Sand, Erde, Blätter und vieles mehr. Es jede Menge Materialien, die gerade für Jungen sehr wertvoll sind, und meistens sogar kostenlos besorgt werden können.

Mit diesen Künstler-Großhändlern haben wir gute Erfahrungen gemacht:

Boesner Künstlerbedarf

≫ **www.boesner.com**

div. Farben, Zeichenmaterial, große Pappen, Pinsel, Hohlkörper, Rahmen, Mappen, Gips, Fachliteratur über Kunst und Kunstpädagogik, eigentlich alles, was das Herz begehrt ...

Dusyma

≫ **www.dusyma.de**

lufttrocknender Ton, Stabilo Plus, bunte Folien, Krepp-Papier, Fotokarton ...

Foto und Minilabsysteme R. Saal GmbH

≫ **www.saal-digital.de**

für die Medienarbeit sehr günstige Fotoentwicklung, Poster ...

Die wichtigsten Materialien in der Übersicht

- wasserlösliche Wachskreiden

- farbige Kreiden

- wasserlösliche Aquarellstifte zum Zeichnen und Ausmalen

- Kohlestifte und Stäbchen unterschiedlicher Größe

- Tusche *(eingegipst im Holzkasten)* und dünne Feinhaarpinsel

- Linolfarben und Linolrollen

- Spachtel, Linolrollen, Schwämme, Korken, Siebe, Autos, Murmeln, kleine Bälle ...

- wasserlösliche Farben und wasserfeste Acrylfarben

Jungs und Kunst in der Öffentlichkeit

Die Jungenkunst-Bewegung steckt noch in den „Kinderschuhen". Zunehmend entwickelt sich aber in der letzten Zeit das Bewusstsein dafür. So fand im Jahr 2008 im Dortmunder Museum von der LAG Arbeit Bildung Kultur NRW e.V. und der LAG Jungenarbeit NRW e.V. einen Fachkongress zum Thema „Jungen und Kunst" statt.

Ziel des Kongresses war die Auseinandersetzung zur geschlechtsbezogenen Arbeit mit Jungen im Feld „Kunst und Kultur" und „Forschung und Praxis" der kulturellen Jungenarbeit in NRW zu initiieren, zu vernetzen, zu erweitern und fachlich weitergehend zu fundieren.

Die **Fachstelle Jungenarbeit NRW** ist die zentrale landesweite Anlaufstelle zur Dokumentation, Information, Beratung, Vernetzung und Qualifizierung von geschlechtsbezogener Jungenarbeit in Nordrhein-Westfalen. Sie berät Träger und Fachkräfte der Kinder- und Jugendhilfe vor Ort bei der Planung und Weiterentwicklung von geschlechtsbezogenen Angeboten für Jungen.

Weitere Informationen

Fachstelle Jungenarbeit NRW/
LAG Jungenarbeit in NRW e.V.

≫ **www.lagjungenarbeit.de**

LAG Arbeit Bildung Kultur NRW e.V.

≫ **www.jungenart.de**

Kapitel 2

EXPERIMENTELLES bildnerisches Gestalten

Experimentelles bildnerisches Gestalten

Da es viele unterschiedliche Farben, Materialien und Malgründe gibt, kann auf unterschiedlichste Weise damit experimentiert werden. Die Kinder lernen dabei nicht nur irgendwelche Techniken kennen, sondern auch Beschaffenheit, Anwendung und Besonderheiten der unterschiedlichen Materialien.

Beim experimentellen bildnerischen Gestalten geht es weniger darum, zum „Bilder machen" anzuleiten oder ein geplantes Endergebnis zu erreichen, sondern die Kinder möglichst viel ausprobieren zu lassen.

Erklären Sie vorab die Grundtechniken und das Material, damit die Kinder die wichtigsten Informationen darüber haben. Es sollte aber immer genügend Freiraum bleiben, um eigene Erfahrungen machen zu können oder selbst neue Vorangehensweisen und Gestaltungsmöglichkeiten zu entdecken.

Die unterschiedlichen Angebote können separat in einzelnen Kunststunden durchgeführt werden, lassen sich aber auch unter verschiedenen Fragestellungen entsprechend zu längeren, zusammenhängenden Angeboten oder Projekten erweitern.

„Was gibt es für Möglichkeiten, Bilder ohne Pinsel zu gestalten?"
So könnte eine Frage an die Kinder lauten und damit ein ganzes Projekt entstehen. Beim Arbeiten mit einem Spachtel werden Farben ineinander gespachtelt, verteilt oder wieder abgekratzt.

Dabei entstehen neue Farben und ganz farbintensive Bilder. Auch Spielzeugautos, Murmeln oder Kartoffeln hinterlassen Farbspuren. Kann man mit Seidenpapier malen? Warum malt das Papier eigentlich? Buntes Seidenpapier gibt in Verbindung mit Wasser Farbe ab, und lädt zum Kleben, Drucken und Malen ein.

Experimentelles bildnerisches Gestalten

Das Thema „Farben" ist sehr vielfältig. In diesem Projekt können Kinder die verschiedensten Farben, Materialien und deren Verwendung kennenlernen.

Beim Arbeiten mit farbigen Folien, Transparentpapier und Tusche auf einer kleinen Folie entstehen sehr interessante Farbverläufe und Farbkompositionen auf Dia, die mit einem Diaprojektor an die Wand gespielt werden können. Die Kinder staunen nicht schlecht über die hell leuchtenden Bilder. Das an die Wand projizierte Bild wird fotografiert. Hinterher vergleichen die Kinder ihr Dia und das Foto und benennen die Farben. Und dann wird es nicht nur um Rot, Gelb und Blau gehen.

Ein ganz anderes Farberlebnis bietet das Bildermachen mit Erde, Lehm und Ton, oder das Arbeiten mit Tusche. Es sind die ganz unterschiedlichen Angebote in ihrer Vielfalt, die von den Jungs als interessant eingestuft werden.

Minibilder und Lichtkunstwerke

Materialien

OHP-Folie, Diarahmen, Klebefilm, Kleister, buntes Transparentpapier und Folien in vielen Farben, Scheren, Tusche, dünne Feinhaarpinsel, Zahnstocher, Sand, Federn, weißes Papier, ein Diaprojektor

Los geht's

Bei diesem Angebot schaffen die Kinder Mini-Exponate, die zu Lichtkunstwerk-Fotos werden. Die Verblüffung der Kinder ist recht groß, wenn man sie fragt, ob sie sich vorstellen können, auf einer 3 x 5 cm kleinen Folie ein winziges Bild zu malen, das später riesengroß sein wird.

Den Malgrund vorbereiten

Die Kinder schneiden aus einer OHP-Folie kleine waagerechte Stücke von 4 x 3 cm aus. Dies ist der Malgrund, auf dem die Kinder arbeiten werden. Jedes Kind braucht zwei Stücke Folie. Da die Bilder aus bunten Transparentpapieren und Folien entstehen, ist es auch sinnvoll, vorab daumengroße Stücke verschiedener Farben zurechtzuschneiden, die dann hinterher von den Kindern weiter verkleinert werden. Stellen Sie Diarahmen, ein bisschen Sand, eine Feder, Tusche, Feinhaarpinsel, Zahnstocher und ein bisschen Kleister bereit, und erklären Sie anhand der Utensilien das Angebot.

Minibilder gestalten

Jedes Kind bekommt ein kleines Stück OHP-Folie, das auf das weiße Papier gelegt wird. Auf dem weißen Papier können die Kinder besser sehen, was sie auf die Folie legen oder malen. Nach und nach werden zuerst kleine Stücke von dem bunten Transparentpapier und den Folien mit wenig Kleister auf die OHP-Folie geklebt. Parallel kann auch Tusche auf die Folie aufgetragen werden.
Da die Tusche auf der Folie abperlt, sollten die Kinder vorab eine kleine Fläche mit Kleister bestreichen

und dann die Farbe auftragen. Die aufgetragene Farbe wird etwas dickflüssig und bleibt auf der Folie haften. Da für die Minibilder kleinste Flächen gestaltet werden sollen, eignet sich am besten ein dünner Feinhaarpinsel zum Auftragen. Ein paar Sandkörner, ein Stück von einer Feder oder kleine Sterne können auch auf die Folie gelegt werden.

Kunstwerke in Diarahmen

Ist die Folie fertig gestaltet, wird die zweite Folie vorsichtig darüber gelegt und an allen vier Seiten mit Tesafilm umklebt, sodass keine Farbe oder Kleber in den Diaprojektor laufen kann. Das Minikunstwerk wird jetzt in den Diarahmen geschoben. Schreiben Sie die Namen der Kinder auf die Rahmen, damit es nicht zu Verwechslungen kommt.

Die Vorführung beginnt

Die Diarahmen werden in das Diamagazin eingeordnet. Nun beginnt die Diavorführung in einem abgedunkelten Raum.
Der Diaprojektor erzeugt wunderschöne und ganz unterschiedliche Bilder an der Wand. Gemeinsam betrachten die Kinder die Bilder, bestimmen Farben und vergleichen Materialien: Die bunte Folie ist in ihrer Struktur ganz anders als z.B. das Transparentpapier. Was ist was? Wo sind die Sandkörner, und warum erscheint die Feder so groß?

Minibilder und Lichtkunstwerke

Lichtkunstwerke fotografieren

Abschließend fotografieren die Kinder die Lichtkunstwerke an der Wand – aber ohne Blitzlicht. Das Diabild sollte möglichst formatfüllend fotografiert werden. Jedes Kind macht mehrere Aufnahmen.
Die Fotokunstwerke werden zum Aufhängen am besten in der Größe 21 x 30 cm abgezogen. In den Maßen 10 x 15 cm lassen sich tolle Fotopostkarten erstellen.
Werden die Kinder bei gemeinsamen Fotobetrachtungen ihr Kunstwerk wiedererkennen? Lassen Sie die Kinder die Fotos mit den Dias vergleichen und zuordnen. ■

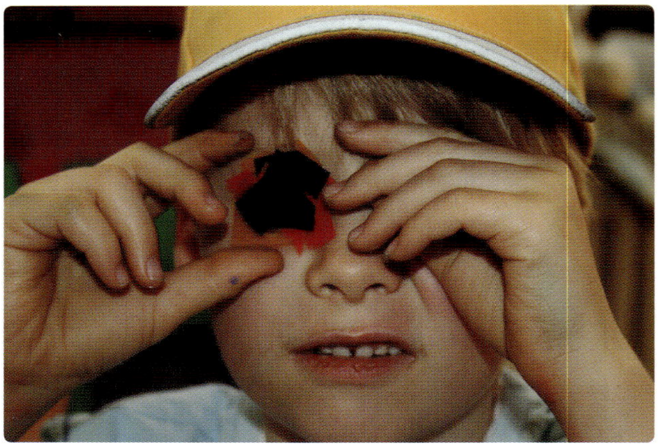

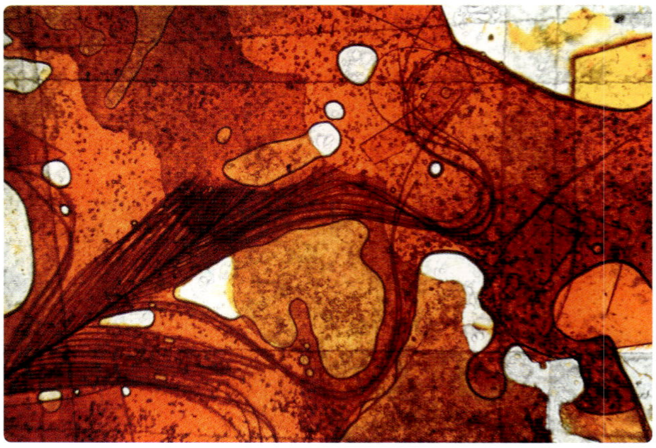

Große Kunstwerke

Materialien

wasserlösliche Farben, Borstenpinsel (Größen 10, 16 und 22), Farbschälchen, große Pappe (100 x 80 cm), evtl. Kinderstaffelei, Spachtel, Korken, Siebe, Linolrollen, Keilrahmenschenkel aus Holz (etwas länger als die Außenränder der Bilder)

Los geht's

Auf großem Pappformat können sich die Jungen so richtig austoben, denn es macht Spaß, mit Farben grenzenlos zu experimentieren. Große Kunstwerke machen vor allem dann viel Freude, wenn die Kinder feststellen, dass die Fläche größer ist als sie selbst. Das erleben gerade kleine Kinder als echte Herausforderung. Auch die Erfahrung, dass ganz anders gemalt werden kann als auf DIN-A4-Format, ist von Bedeutung.

Veränderungen inbegriffen

Meistens arbeiten die Kinder mehrere Tage an ihrem Bild. Dabei ist besonders spannend, dass sich das Bild immer wieder verändert: Ideen und Bildkompositionen werden verändert, verworfen und neu erschaffen. Jüngere wie ältere Kinder arbeiten auch gerne an einer Staffelei im Stehen, weil sie dann mehr Bewegungsfreiheit beim Malen haben. Ist das Bild fertig, bemalen die Kinder noch einen Bilderrahmen, der aus einfachen Keilrahmenschenkeln besteht. Diese werden einfach zusammengesteckt und auf die Malpappe getackert.
Vor allem die Jüngeren sind hier mächtig stolz auf ihre Kunstwerke mit Bilderrahmen. ■

Tipp

Die großen Pappen und die Keilrahmenschenkel finden Sie gut bei Boesner. Bei IKEA gibt es sehr günstige Staffeleien.

Rollbilder

Materialien

wasserlösliche Farben, 2–3 Linolfarben, Linolrollen, dickeres Papier oder großer Karton (100 x 80 cm)

Experimentieren

Mit Linolfarben und wasserlöslichen Farben erschaffen die Kinder ganz unterschiedliche Bilder. Dabei steht das Herumexperimentieren mit den unterschiedlichen Farben und Formen mit den Linolrollen im Vordergrund. Mit viel Freude über das große Format wird das Bild bunt gestaltet, Ideen wieder verworfen und mit neuen Farben und Formen weiterentwickelt.

Farbe auftragen mit der Rolle

Die Kinder tragen die wasserlöslichen Farben mit einer Linolrolle auf. Zu Anfang ist die Farbe ganz stark. Die Spur verliert an Farbe, je länger sie von der Linolrolle abgetragen wird. Übereinandergerollte Farben kreuzen sich, dabei entstehen neue Farben. Dann werden Linolfarben aufgetragen. Linolfarbe wird eigentlich nur zum Drucken verwendet und ist im Vergleich zur wasserlöslichen Farbe dickflüssig und sehr farbintensiv. Aufgetragen im Wechsel mit der anderen Farbe, ergeben sich so interessante Farbkompositionen.

Spachtelbilder

⇛ Materialien

flüssige, wasserlösliche Farben, Spachtel, dickeres Papier oder Karton

Los geht's

Mit einem Spachtel arbeiten die Kinder experimentell auf großen Formaten und erfreuen sich an den sich ständig veränderbaren Farben.

Suche nach neuen Farben

Die Kinder tragen eine oder mehrere Farben auf das Papier auf und verteilen sie mit dem Spachtel. Die Farben dürfen in alle Richtungen verteilt und auch übereinander aufgetragen werden.
Mit dem Spachtel können die Farben auch wieder abgetragen werden – dann schimmert die untere Farbschicht durch. Die Kinder erleben dies als faszinierendes Phänomen und sind ständig auf der Suche nach neuen Farbkompositionen.

Spachtelexperimente

Bei der Verwendung von Spachteln unterschiedlicher Größe oder von Spachteln mit Zacken ergeben sich Farbmuster und Liniengebilde. Spachtel unterschiedlicher Größe können auch aus festem Karton selbst von und mit Kindern hergestellt werden. Benutzen Sie eine Zickzackschere, um einen Pappspachtel herzustellen, der Linien in die Farbe ziehen kann.

Tipp

Rahmen Sie die Bilder am besten in Keilrahmenschenkel ein.

Erdbilder

⇛ Materialien

dünne Sperrholzplatten (z.B. aus Birkenholz), Erde, Lehm, Ton, Stöckchen, Wasser, leere Wasserflaschen, Schälchen, Kreiden in Erdtönen

⇛ Los geht's

Draußen suchen die Kinder unterschiedlich farbige Erden und verrühren sie mit Wasser in einem Schälchen. Eine Alternative ist, vorsichtig mit einem Spaten eine Grasnarbe auszuheben und ein kleines Loch zu buddeln.

Die tiefere Erde ist meistens etwas lehmartig und kann einfach mitverwendet werden. ⇛

⇛ Erdfarben anrühren

Mit etwas Wasser und den Stöckchen wird der Erdfarbauftrag angerührt. Im Garten lassen sich an unterschiedlichen Stellen unterschiedliche Erden und lehmartige Massen finden. Genauso gut kann auch Ton in verschiedenen Braun- und Terracotta-Tönen mit Wasser aufgelöst und mit Stöckchen zu weiteren Farben vermischt werden.

Zum Vermischen eignen sich am besten Plastikbehälter. Das Suchen und Anrühren der Erdfarben wird von den Jungen regelrecht zelebriert. ⇛

Erdfarben auftragen

Ein Kind schüttet nach Belieben die unterschiedlichen Gemische auf die Holzplatten, während zwei andere Kinder das Holz behutsam hin und her schwenken. So bilden sich ganz unterschiedliche Farbverläufe.

Weitere Verzierungen

Nachdem die Flüssigkeiten getrocknet sind, wird das Kunstwerk weiter mit Kreide bearbeitet. Die Erdlinien können mit unterschiedlichen Kreidetönen umrandet werden, oder die Kinder malen die Flächen aus. Zum Schluss unbedingt das Bild mit Haarspray fixieren, damit die Kreide nicht abfärbt.

Natursandbilder

Materialien

Sand, Erde, Schälchen für Sand, Kleister, Papier, Holz oder Leinwand

Los geht's

Bei einem Spaziergang suchen die Kinder unterschiedliche Sand- und Erdsorten.
Sie werden verblüfft feststellen, wie viele unterschiedliche Farbtöne unmittelbar vor der Haustür zu finden sind.
Die Kinder stellen die Schälchen auf den Tisch und vergleichen sie: Welche unterschiedlichen Farben haben wir gefunden? Wie fühlen sich die unterschiedlichen Massen an?

Viele Ideen

Es lassen sich ganz unterschiedliche Bilder mit Sand gestalten. Bilder mit vielen Farbsandschichten, die experimentell angeordnet werden, Motivbilder oder Sandlabyrinthbilder, die sehr gerne mit verschnörkelten Wegen angelegt werden.

Labyrinth vorzeichnen

Zuerst zeichnen die Kinder ein Labyrinth mit Bleistift vor. Mit großer Freude, dass sich niemand in dem Labyrinth zurechtfinden wird, diskutieren die Jungs über ihre Wege und Irrwege.

Kleister und Sand auftragen

Der Kleister darf nicht zu dünn aufgetragen werden, da der Sand sonst nicht kleben bleibt. Es werden auch nur immer kleine Stücke geklebt. Die Kinder arbeiten immer abwechselnd mit Sand und Kleister, damit der Klebstoff nicht antrocknet.

Buntsandbilder

Materialien

Sand in verschiedenen Farben, Einzelfarbschälchen, Pinsel, Kleister, Schälchen für Kleister, Leinwand, Holz oder Papier

Los geht's

Mit buntem Sand zu arbeiten oder bunten Sand selber herzustellen, macht den Jungen riesigen Spaß. Sand in unterschiedlichen Farben ist in Tüten z.B. bei IKEA oder 1-€-Shops zu erhalten.

Natursand einfärben

Herkömmlicher Natursand kann aber ebenfalls in allen erdenklichen Farben eingefärbt werden. Dazu wird der Sand in einem Behälter mit ein wenig Wasser leicht matschig gerührt und dann mit Acrylfarbe eingefärbt. Je nachdem, wie stark die Farbintensität sein soll, mischen Sie mehr oder weniger Farbe in den Sand. Der farbige Sand trocknet in der Sonne sehr schnell und kann dann zum Gestalten verwendet werden.

Kleister und Sand auftragen

Füllen Sie unterschiedliche Sandmengen in kleine Schälchen und rühren den Kleister an. Zunächst tragen die Kinder den Kleister dick auf, jedoch nicht auf den ganzen Malgrund. Es wird immer abwechselnd Kleister – Sand geschichtet, da sonst der Kleister zu schnell antrocknet. Dann klebt der Sand nicht mehr.

Flüssige Farben hinzufügen

Ist das Bild getrocknet, können die Kinder je nach Bedarf noch flüssige Farben hinzufügen und damit experimentieren. ■

Kunst sprühen

Materialien

Leinwand, Holzplatte oder stabiler Karton, bunte Farben/Sprühfarben, alte Haarspraypumpflaschen, Zeitungen

Los geht's

Bilder zu sprühen, ist gerade für Jungs ein lustvolles Angebot, weil sie besonders viel Freude an der Technik und dem Druck der Sprühfarben haben. Hierbei gibt es unzählige Varianten, die Farben zu kombinieren und zu arrangieren.

Sprühfarben herstellen

Wenn Sie möchten, stellen Sie selbst mit den Kindern Sprühfarben her. Lassen Sie die Kinder leere Pump-Zerstäuberflaschen mitbringen. Darin vermischen Sie Acrylfarbe und Wasser und schütteln alles gut durch.

Die Leinwand gestalten

Am liebsten arbeiten die Kinder natürlich mit echten Graffiti-Sprühfarben. Der Umgang damit muss aber gut erklärt werden. Das Angebot sollte dann auch unbedingt draußen stattfinden.

Vorab decken Sie den Boden mit Zeitungspapier ab. Die Kinder sprühen die Leinwand in unterschiedlichen Farben nacheinander an. Es sollten aber nicht zu viele Farben übereinander gesprüht werden, wenn die Farben noch nass sind.

Die Leinwand trocknen lassen

Die Leinwand sollten Sie zwischenzeitlich immer mal wieder 2–4 Minuten in der Sonne trocknen lassen. Danach erneut einen Farbauftrag sprühen.

Korkdruck und Schwammdruck

Materialien

Korken, Schwämme, dickeres Papier oder Fotokarton, wasserlösliche Farben

Los geht's

Die unterschiedlichen Drucktechniken und ihre Herangehensweisen üben einen besonders hohen Reiz auf Jungen aus.
Der Kork- oder Schwammdruck eignet sich am besten als Einführung in eine längerfristige Druckwerkstatt, die noch unzählige weitere Methoden bereithält (s. S. 36–42).

Unvorhersehbare Ergebnisse

Bei der Druckwerkstatt sind Experimentieren und Ausprobieren gefragt. Das Endergebnis ist nicht vorhersehbar. Zur Freude der Kinder gibt es hierbei viele Überraschungseffekte.

Mit Korken und Schwämmchen

Auf dickerem Papier oder Fotokarton wird mit Korken oder kleinen Schwämmchen gedruckt. Füllen Sie die Farben in die 6er-Farbschälchen und verwenden Sie pro Farbe einen Korken oder Schwamm. Korken und Schwämme können natürlich auch gleichzeitig von den Kindern genutzt und miteinander kombiniert werden. ■

Experimentelles Drucken

Materialien

Korken, Schwämme, Spielautos, Wellpappe, Noppenfolie, Bauklötze, Linolfarben, kleine Linolrollen, Pappen vom Zeichenblock, alte Verpackungen, bunter Fotokarton in DIN A2

Los geht's

Das experimentelle Drucken mit Linolfarben ist ein Spiel mit Formen und Farben. Spontan entwickeln die Jungen immer neue Ideen, wie sie die Druckmaterialien auf unterschiedlichste Weise arrangieren können.

Vielseitige Bildkompositionen

Beim experimentellen Drucken wird mit den verschiedenen Gegenständen spontan gedruckt, dabei entstehen interessante Bildkompositionen.
Jedes Kind darf sich zwei farblich unterschiedliche Fotokartonpapiere aussuchen. Beide Papiere werden hinten mit den Namen beschriftet, damit es nicht zu Verwechslungen kommt.

Farben vorbereiten

Bevor es mit dem ersten Druck losgeht, geben Sie 3–4 Linolfarben (Esslöffelgröße) auf ein Stück Karton. Pro Farbe verwenden die Kinder eine separate Linolrolle. Jeweils zwei Kinder können sich die Farben und Linolrollen teilen.

Tipp

Es ist besser, für dieses Angebot die kleinen Linolrollen zu benutzen, da sie viel handlicher sind.

Farben auftragen

Die Farbe wird nur mit der Linolrolle auf den jeweiligen Gegenstand aufgetragen und dann direkt damit auf das Blatt gedruckt. Wenn der erste Druck fertig ist, wird der zweite auf dem anderen farbigen Papier gefertigt. Legen Sie anschließend die Drucke zum Trocknen weg. Die Linolfarbe braucht mindestens einen Tag, bis sie abgetrocknet ist.

Am nächsten Tag kleben Sie beide Drucke rückseitig mit Tesafilm zusammen. So zusammengesetzt ergeben sie ein neues Kunstwerk.

Moosgummidruck

Materialien

Moosgummi, Schere, dünne Holzscheiben, Holzstücke unterschiedlicher Größe, Holzleim, Linolfarben, pro Farbe eine Linolrolle

Los geht's

Mit ein bisschen Moosgummi und einer dünnen Holzscheibe fertigen die Kinder ganz individuelle Stempel und drucken unterschiedliche Motive.

Formen herstellen

Die Kinder schneiden aus Moosgummi Formen aus und legen ihre Bildidee zunächst auf die Holzscheibe. Die Moosgummistücke werden noch nicht aufgeklebt, da sich noch beim Schneiden und Legen neue Bildideen entwickeln. Erst, wenn die Bildidee fertig liegt, kleben die Kinder die Moosgummistücke mit Holzleim auf.

Leim auftragen

Stellen Sie kleine Schälchen mit Pinseln zurecht, da aus den Klebstoffbehältern oft größere Mengen Leim kommen und dies für die Kinder schlecht zu regulieren ist. Der Leim wird trotzdem großzügig und dick mit einem Pinsel auf das jeweilige Moosgummistück aufgetragen. So ist sichergestellt, dass sich nicht einzelne Teile beim mehrfachen Drucken ablösen.

Holzkonstruktion herstellen

Während das Motiv trocknet, fertigen Sie für den Druckstock eine kleine Konstruktion, damit die Kinder die Holzscheibe besser aufdrucken und abheben können. Kleben Sie dazu zwei bis drei unterschiedlich große Holzstückchen aufeinander. Das kleinste Holzstück ist das oberste Stück, welches zuletzt aufgeklebt wird. Dabei muss der Leim großzügig aufgetragen werden. Dann kleben Sie die Holzkonstruktion auf die Rückseite des Druckstockes.

Druckstock bemalen

Während die Moosgummistücke und die Holzstücke trocknen, wird der Druckstock zum unverwechselbaren Unikat, indem er mit Acrylfarbe auf der Außenseite bemalt wird. Sie können die Farbe auch mit einem Fön trocknen. Wenn die Farbe getrocknet ist, kann die Druckwerkstatt eröffnet werden.

Jetzt wird gedruckt

Die Kinder geben einen Esslöffel Linolfarbe auf ein Stück Pappe und rollen die Linolrolle ringsum mit Farbe ein. Dann tragen sie nacheinander 1–2 Farben mit der Linolrolle auf. Der Druckstock wird mittig auf das Papier gedrückt und wieder abgehoben.
Voller Spannung erwarten die Jungen das Ergebnis. Mit ein wenig Wasser wird die Farbe abgewaschen und der Druckstock für neue Drucke gereinigt. Danach können weitere Drucke mit unterschiedlichen Farben gefertigt werden.

Polyblockdruck

Materialien

Polyblockplatten (z.B. bei ALS-Verlag), spitzer Bleistift, Linolfarben, Linolrollen, Zeichenblockpappe, Nudelholz, weißes Blatt Papier

Los geht's

Eine einfache Alternative zum Linoldruck ist der Polyblockdruck. Gedruckt wird dabei mit elastischen Polyblockplatten (auch: Weich-Polystyrol-Platten). Das hat den Vorteil, dass Sie keine scharfen Messer und Werkzeuge wie beim Linoldruck benötigen.

Bildidee einritzen

Mit einem Bleistift oder einem Zahnstocher ritzen die Kinder die Bildidee auf die Polyblockdruckplatte. Die Zeichnung bleibt in dem weichen Material erhalten. Mit der Linolrolle kann die Linolfarbe auf die Platte aufgetragen werden.

Farbe auftragen und drucken

Beim Auftragen der Farbe ist es am besten, zuerst die Farbe auf eine alte Zeichenblockpappe zu geben, die Linolrolle darauf mit der Farbe einzurollen und dann die Farbe aufzutragen.

Die Kinder legen die Platte sofort nach Auftragen der Farbe auf das Papier und rollen dann mit einem Nudelholz darüber.

Jetzt kann die Platte vorsichtig hochgenommen werden, und die Kinder können ihren Druck bewundern. ■

Seidenpapierdruck

Materialien

Seidenpapier in verschiedenen Farben, Wasser, Schälchen, Pinsel, weiße Blätter

Los geht's

Im Gegensatz zur kräftigen Linolfarbe, die sehr farbintensiv ist, lernen die Kinder hierbei, Bilder mit Seidenpapier zu drucken, das lasierend wirkt.

Die Farbe übertragen

Die Kinder reißen Seidenpapier in unterschiedlich große Stücke und legen sie auf das Blatt. Dann tragen sie Wasser auf das Seidenpapier auf. Eine weitere Möglichkeit ist, größere Kügelchen zu formen, sie ins Wasser zu tunken und damit zu malen oder zu drucken.

Experimentieren und Ausprobieren

Seidenpapiere unterschiedlicher Farbe werden übereinandergelegt und dann bewässert. Das Seidenpapier hinterlässt Farbspuren unterschiedlicher Stärke. Dabei entstehen interessante Farbmuster. Zuletzt kleben die Kinder noch die abgenommenen Seidenpapierstücke wieder auf. Freies Experimentieren ausdrücklich erwünscht!

Schnürsenkeldruck

Materialien

dünne Schnürsenkel, Tusche, wasservermalbare Wachskreiden, Pinsel (Größen 4, 6 und 8), kleine Farbschälchen für Tusche und Wasser, großes Papier

Los geht's

Zeigt her all eure Schuhe und eure Schnürsenkel! Mit ihren Schnürsenkeln erstellen die Kinder Drucke mit abstrakten Formen.

Farben auftragen

Befüllen Sie mehrere Schälchen mit Tusche.
Die Kinder tunken ihre Schnürsenkel in die Tusche, sodass sie sich mit Farbe vollsaugen.
Dann wird der Schnürsenkel langsam auf das Blatt gelegt, wieder hochgezogen und erneut angeordnet. Der Tuscheabdruck bildet dabei abstrakte Formen und Muster.

Die Bilder ausgestalten

Ist der Tuscheumriss getrocknet, gestalten die Kinder das Bild mit den wasserlöslichen Farben weiter aus. Die Flächen können bunt ausgemalt werden.
Zum Schluss sollten die Farben mit ein wenig Wasser aufgelöst werden. Dabei arbeiten die Kinder am besten von hell nach dunkel. ■

Tipp

Die Kinder können diese Technik auch mit Kreiden oder flüssigen Farben ausprobieren und so ganz verschiedene Bilder anfertigen.

Tuschebilder

Materialien

bunte Tuschefarben, dünne Feinhaarpinsel, dickes Tonpapier, weißes Papier, dünne Holzplatten, kleine Schwämmchen, Wasser, Bleistifte, Pastellkreiden

Los geht's

Das Arbeiten mit Tusche bietet viele Gestaltungsmöglichkeiten und garantiert Überraschungen und „Aha"-Erlebnisse.
Denn Tusche verhält sich ganz anders auf nassem Untergrund als auf trockenem Untergrund. Auf Holz sieht es wieder völlig anders aus. Die Jungen erfreuen sich am Verlaufen dieser intensiven Farben. Da auch mit Wasser gearbeitet wird, verwenden Sie am besten dickeres Tonpapier.

Tipp

Sehr praktisch ist es, die einzelnen kleinen Tuschefläschchen in eine Holzform einzugipsen, da die leichten Tuschegläschen schnell umkippen können!

Trockentechnik

Um die Tuschefarben kennenzulernen, eignet sich die Trockentechnik am besten.
Auf einem weißen Blatt Papier schillern die Tuschefarben besonders hell. Die Kinder arbeiten frei und malen Liniengebilde, Muster oder gegenständliche Bilder mit Motiven.

Tuschebilder

Trockentechnik auf Holz

Die Tusche wird dabei einfach auf dünne Holzplatten aufgetragen. Durch die Maserung sucht sich die Tusche ihren ganz eigenen Weg.

Nasstechnik

Die Kinder befeuchten das Papier mit einem kleinen Schwämmchen. Falls das Blatt aus Versehen zu nass wird, tupfen sie das Wasser mit einem Taschentuch ab. Nacheinander tragen sie verschiedene Tuschefarben auf. Diese verlaufen dann ganz von alleine. Wenn die Flächen mit der Tusche angetrocknet sind, können die Kinder noch weiter mit der Tusche malen oder Flächen herausarbeiten. Dies ergibt eine interessante Wechselwirkung von kräftigen und zarten Farben.

Tusche und Kreide

Mit Bleistift zeichnen die Kinder etwas Gegenständliches vor. Nur diese Fläche wird mit etwas Wasser befeuchtet und mit Tuschen bemalt. Dann können noch weitere Akzente mit der Tusche auf die trockenen Stellen gemalt werden. Wenn die Tusche getrocknet ist, werden Vorder- und Hintergrund noch mit bunten Pastellkreiden ausgestaltet. ■

Kapitel 3

PLASTISCHES Gestalten

Plastisches Gestalten

Technik-Exkurs

Beim plastischen Gestalten gibt es viele Techniken und vor allem Werkstoffe, auf die gerade Jungen sehr neugierig sind:

Steine, **Gips**, **Beton**, **Wachs**, **Metall**, **Holz**, **Ton**, **Pappe**, **Draht**, **Recyclingprodukte**, **Plastilin** (Knete) und **aushärtende Modelliermassen**, um nur einige zu nennen.

Mit dieser Fülle an Werkstoffen zu arbeiten, ist in den meisten Einrichtungen nicht möglich. Daher stellen wir hier nur einige Lieblingswerkstoffe unserer Jungs vor.

Wenn es eine Art Rangliste gäbe, würde **Ton** Platz 1 belegen. Darauf folgen Holz, Recyclingprodukte und Papier & Pappe. Diese Materialien sind so beliebt, weil sich hiermit die meisten unterschiedlichen Objekte bauen lassen.

Beim Arbeiten mit Ton macht den Kindern das Kneten und Formen viel Spaß. Es wird als sehr sinnlich erlebt.

Beim Arbeiten mit Holz ist das Planen, Konstruieren und Bauen eine echte Herausforderung. Erfolgserlebnisse und Freude über die Holzarbeiten sind entsprechend groß.

Das Arbeiten mit kombinierten Werkstoffen wie Ton, Pappe, Naturmaterialien und Recyclingprodukten sorgt immer wieder für Überraschungen, da sich damit ungeahnte Kunstwerke gestalten lassen. Genauso wie beim Malen arbeiten die Kinder auch beim plastischen Gestalten frei mit den Materialien und lernen verschiedene Arbeitstechniken kennen.

Es ist pädagogisch sinnvoll, wenn die Kinder mit den verschiedenen Materialien einerseits selbstständig arbeiten und andererseits auch durch angeleitete Techniken und Angebote Fertigkeiten, Interessen und Wissen erweitern können.

Arbeiten mit Ton

Ton zählt zu den absoluten Lieblingsmaterialien der Jungen, ist aber im Kindergarten und in der Schule eher selten zu finden.

Das mag daran liegen, dass Einrichtungen keinen Brennofen finanzieren können, dieser auch sehr viel Platz beansprucht und sich das Arbeiten mit Ton im Gesamtablauf als sehr komplex darstellt. Dafür haben wir für unsere Kinder eine optimale Lösung gefunden: Wir verwenden ausschließlich **Ton, der an der Luft trocknet** und danach mit Farben angemalt wird.

Es gibt aber auch Angebote, die man mit ursprünglichem Ton machen kann, der auch nicht gebrannt werden muss.

Das Formen mit Ton ist ein sehr **sinnliches** und **haptisches** Erlebnis. Hochkonzentriert formen die Kinder ihre Ideen mit den Händen aus. Durch die weiche Beschaffenheit des Materials können die Kinder viele Ideen an ihrem Objekt unmittelbar umsetzen und jederzeit wieder verändern.

Das Arbeiten mit Ton lässt viel Freiraum und erlaubt Spontaneität für neue Ideen. Die **Feinmotorik** wird quasi ganz nebenbei gefördert. Durch das Ertasten, Formen und Wahrnehmen des Materials wird das Denken so sehr angeregt, dass die Kinder manchmal so vertieft in ihre Arbeit sind, dass eine fast schon unheimliche Stille herrscht. Die Kinder nehmen uns dabei in ihre **Gedankenwelt** mit. Wir können beobachten, wie sich Getöpfertes unmittelbar nach ihren Gedanken ändert.

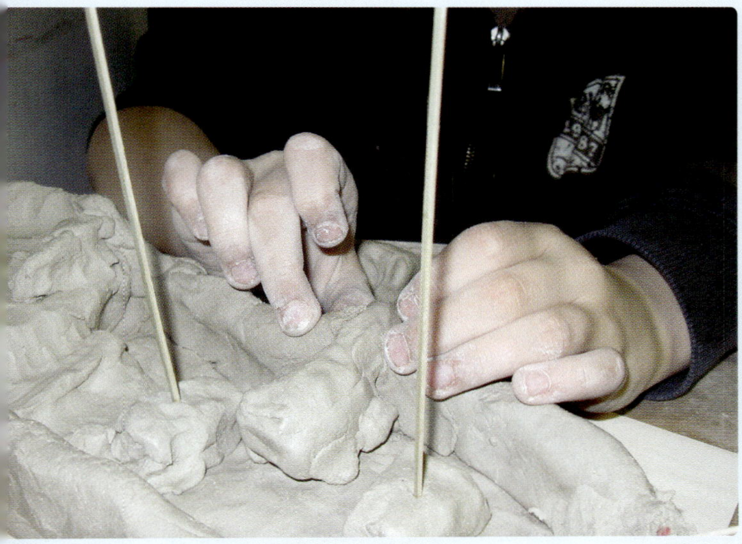

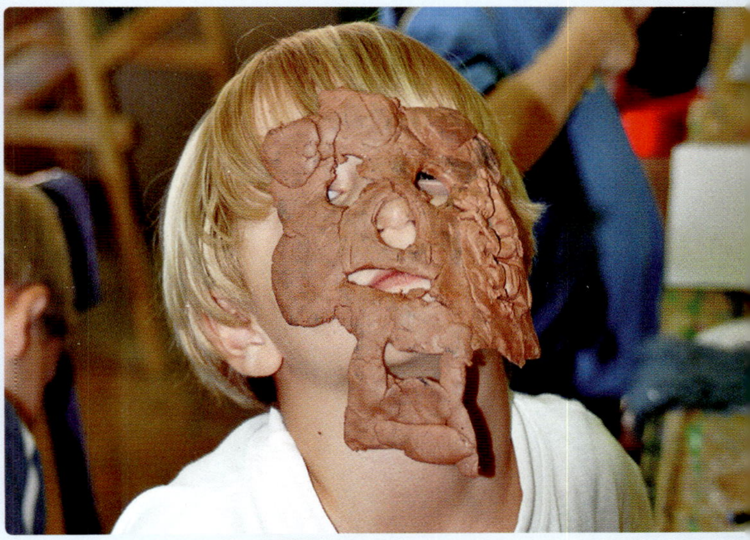

Tonplastik mit Fundstücken

Materialien

lufttrocknender Ton in Weiß oder Terrakotta, Federn, Muscheln, kleine Fundstücke und Alltagsgegenstände, Recyclingmaterialien

Los geht's

Viele plastische Objekte sind erst durch das Ausprobieren eigener Ideen von Kindern entstanden. Zum Beispiel die selbst entwickelte Tonmaterialplastik von Niklas, 7 Jahre alt.

Niklas' Kerzenauto

Niklas wollte unbedingt Gegenstände in seinen Ton stecken und begab sich auf die Suche. Gefunden hat er ein leeres Nägelkästchen, eine Kerze, eine Feder, einen Filmstreifen, Muscheln, Spiegelsteine und eine Geschenkschleife. Diese Materialien, in Verbindung mit Ton, ergaben ein recht interessantes Kunstwerk: ein „Kerzenauto".

Tolle Fantasieobjekte

Inspiriert durch diese Neuigkeit, entstanden von anderen Kindern Roboter, Häuser, Ufos und unzählige fantastische Objekte. Niklas hat aus der eigenen Fantasie heraus ein tolles Kunstwerk entwickelt. Kinder brauchen also nicht immer eine Anleitung, sondern viel mehr Raum, um Eigenes auszuprobieren. Wir Erwachsenen sollten dies unbedingt zulassen und fördern.
Nur so können sich Kinder auch künstlerisch weiterentwickeln.

Krimskrams für die Kunst

Die Jungen bringen gesammelte Fundstücke und allerlei Krimskrams von zu Hause mit. Dies können auch Gegenstände sein, die normalerweise im Papierkorb gelandet wären. Für Kinder ist es eine interessante und wertvolle Erfahrung, dass diese Gegenstände einen Nutzen bekommen und, mit Ton verarbeitet, zu einem Kunstwerk werden.
Gegenstände, die sonst keine tiefere Bedeutung haben, bekommen einen unvergänglichen Wert und regen die Vorstellungskraft an. Ein Strohhalm wird zur wichtigen Ufoantenne, das Knopfauto braucht kein Benzin, denn die Knopfräder fahren auch so, und das Haus speichert alle Wärmeenergie in den Steinen.

Tonobjekte gestalten

Zuerst kneten die Kinder den Ton gut durch, und formen ihn nach eigenen Ideen zu einem Objekt. Anschließend drücken die Kinder ihre Gegenstände fest in den Ton. Die Objekte müssen dann einen Tag lang ruhen. Die fertigen Kunstwerke können später zur Präsentation auf einen Holzsockel oder Kacheln gestellt werden.

Tonplastik mit Fundstücken

Tonobst

➔ Materialien

lufttrocknender Ton, Obst, bunte Farben, dünne Feinhaarpinsel, evtl. Lasur

➔ Los geht's

Jedes Kind bringt sein Lieblingsobst mit. Die Äpfel, Orangen, Ananasse, Erdbeeren, Birnen etc. werden für alle gut sichtbar aufgestellt.
Wir betrachten die Eigenschaften der Früchte: Welche Form hat das Obst, welche Farben hat es? Wie fühlen sich die Früchte an? Gemeinsam vergleichen die Kinder die verschiedenen Obstsorten.

➔ Tonfrüchte ausformen

Jetzt geht es zum handwerklichen Teil: Die Kinder kneten den Ton gut durch und formen Tonfrüchte nach Vorbild der echten Früchte.
Wenn die Kinder Blätter oder Stiele an ihre Form töpfern, muss der Ton von allen Seiten verstrichen werden, da er sonst später abfällt. Ist der Ton getrocknet, bemalen ihn die Kinder mit flüssigen Acrylfarben.

➔ Das Obst lasieren

Nachdem das Tonobst einen Tag lang getrocknet ist, wird es von den Kindern mit einer speziellen, kinderfreundlichen Lasur überzogen, die an der Luft trocknet. Dann glänzen die Früchte auch sehr schön. ■

Tontiere

Materialien

lufttrocknender Ton, bunte Farben, dünne Borstenpinsel (Größen 4 und 8), evtl. Fotokamera

Los geht's

Da Kinder tierlieb sind und sich oft ein Haustier wünschen, sind Tiere natürlich ein Lieblingsmotiv in der Töpferei. Selbst mit jüngeren Kindern ab vier Jahren lassen sich schon einfache Formen wie Mäuse und Marienkäfer formen.

Tiere aus der Fantasie

Das Töpfern der Tiere sollte aus der Fantasie der Kinder heraus geschehen. Zunächst kneten die Kinder den Ton gut durch. Dann fertigen sie eine gröbere Form und lassen daraus nach und nach ein Tier entstehen.

Körperteile anbauen

Wenn die Kinder an den Tonkörper Beine, Ohren, Flügel etc. anbauen, muss der nachträglich angebaute Ton mit den Fingern vorsichtig von allen Seiten mit dem Tonkörper verstrichen werden. Ansonsten brechen die angebauten Teile schnell wieder ab. Einen Tag später können die Tontiere mit Acrylfarben angemalt werden.

Tiere in der Natur fotografieren

Anschließend können die Tontiere noch an unterschiedlichen Orten in der Natur von den Kindern fotografiert werden. Aus den Fotos können sie tolle Postkarten oder Poster anfertigen, wenn Sie sie in unterschiedlichen Größen ausdrucken.

Murmelbahnen

Materialien

lufttrocknender Ton, Tonwerkzeuge, Murmeln, kleinere und längliche Holzplatten, bunte Acrylfarben, dünne Feinhaarpinsel, evtl. Gegenstände zur Verzierung, große Holzplatte als Untergrund, Kraftkleber

Los geht's

Murmelbahnen sind ein echtes Highlight für die jungen Baumeister. Kleine, runde Bahnen – schmale, längliche Bahnen – dreieckige, hohe Türme – dem Erfindungsreichtum sind hier keine Grenzen gesetzt.

Jungs brauchen keine Anleitung

Nach einer Schritt-für-Schritt-Anleitung eine Murmelbahn zu fertigen, wäre für die Jungen eher langweilig. Gerade das Spiel mit den vielen Möglichkeiten macht doch so viel Spaß und trägt auch zum logischen und räumlichen Denken bei.

Die Laufrinne gestalten

Für den Bau der Laufrinne nutzen die Kinder eine Murmel, mit der die sie Breite der Fahrbahn bestimmen. Beim Formen und Bauen kann dies leicht vergessen werden. Die Laufrinne sollte möglichst eben sein. Kleinere Unebenheiten können mit dem Zeigefinger und ein bisschen Wasser glattgestrichen werden.

Die Murmelbahnen verzieren

Wer möchte, verziert die Murmelbahn noch mit Gegenständen wie Federn, Steinen, Muscheln etc. Nach einem Tag Trockenzeit wird die Murmelbahn noch mit bunten Acrylfarben bemalt.
Damit gerade größere, längliche Murmelbahnen beim Spielen nicht kaputtgehen, wird die Bahn mit Kraftkleber auf eine Holzplatte geklebt.

Maskenskulptur

Materialien

lufttrocknender Ton, Alufolie, Zeitungen, Kleister, bunte Farben, verschiedene Borstenpinsel (Größen 4, 8 und 12), Rundholzstäbe, Klebeband, Holzklötze

Los geht's

Bei diesem Angebot lernen die Kinder Ton als Formgeber kennen. Er eignet sich hervorragend, plastische Objekte aller Art zu fertigen.

Gesichter ausformen

Jedes Kind erhält zwei große Hände voll Ton. Zuerst formt jedes Kind ein fantasievolles Gesicht. Wichtig ist, angebaute Teile wie Ohren oder Nase gut zu verstreichen, damit sie später nicht abbrechen. Nach einem Tag ist der Ton ausgehärtet.

Negativ-Form herstellen

Nun wird ein Stück Alufolie vorsichtig auf das Tongesicht angedrückt. Anschließend verteilen die Kinder kleinere Zeitungsstücke auf der Alufolie und kleben sie mit Kleister vorsichtig darauf. Es sind etwa 3–4 Schichten Zeitung und Kleister nötig, um ein stabiles Ergebnis zu erhalten. Nach einem Tag kann die Alufolie vorsichtig abgehoben werden. Mit einer Schere schneiden die Kinder die Überreste ab.

Masken bemalen

Anschließend malen die Kinder die Maskenform und das Ton-Negativ mit bunter Farbe an und legen beides zum Trocknen auf die Seite. Danach können Sie noch die Maskerückseite mit Klebeband von innen an einem Rundholz befestigen und zur Präsentation in einen Holzklotz stecken. ■

Fotokunstwerke

Materialien

bemalte Masken und Tongesichter von S. 53, bunter Fotokarton in DIN A4, Fotokamera, großes Holzbrett, Holzsockel, Klebeband, Schnur, Zeichenblock-Karton DIN A4

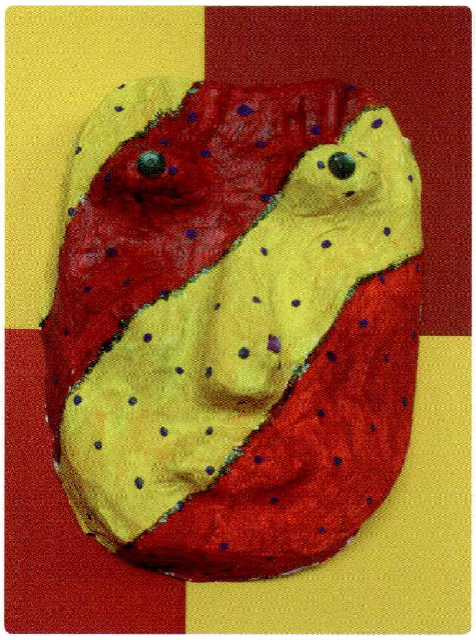

Los geht's

Von der bemalten Maske und dem Tongesicht entstehen nun wunderbare Fotokunstwerke.
Stellen Sie dazu ein großes Holzbrett und einen Holzsockel bereit. So sind die gelegten Kompositionen einfacher, und vor allem, ohne Schatten zu fotografieren.

Hintergrund arrangieren

Die Kinder arrangieren 2–5 verschiedene Farben Tonpapier und legen diese auf das Holzbrett. Bevor sich die Kinder für eine fertige Papierkomposition entscheiden, probieren sie verschiedene Varianten aus. Dann legen die Kinder die Maske auf die bunten Papiere.

Mit der Kamera vertraut machen

Beim Fotografieren müssen sich die Kinder, je nachdem wie das Licht auf das Brett fällt, links, rechts oder direkt vor das Objekt stellen. Durch den Sucher der Kamera bestimmen die Kinder den Mittelpunkt der Maske, indem sie die Kamera so halten, dass die Maske mittig zu sehen ist.

Fotografieren und Entwickeln

Danach wird neues Tonpapier ausgesucht und das Tongesicht fotografiert. Bitte immer mehrfach fotografieren, falls ein Foto nichts wird. Durch Fotografieren aus der Vogelperspektive sehen die Masken später so aus, als würden sie uns direkt anschauen. Entwickeln Sie die Fotos im DIN-A4-Format. Gemeinsam vergleichen die Kinder ihre Fotos und besprechen die unterschiedlichen Bildkompositionen. Anschließend werden die Fotos auf Zeichenblock-Karton geklebt. Befestigen Sie rückseitig mit Klebeband eine Schnur zum Aufhängen.

Arbeiten mit Holz

Jungen haben heutzutage leider kaum noch die Gelegenheit, mit **Holz** zu arbeiten und zu basteln. Dabei braucht man noch nicht einmal teures oder gefährliches Werkzeug. Ein einfacher Holzkleber reicht schon aus, um mit Holz die verschiedensten Dinge zu erschaffen.

Unsere **Holzwerkstatt** ermöglicht den Kindern eine ganzheitliche Arbeitsweise. Die Kinder entwickeln Ideen, planen ein Objekt, konstruieren verschiedene Möglichkeiten und setzen diese bis zum fertigen Produkt um. Dabei können sie Holzbilder fertigen, Rahmen bauen, Skulpturen erschaffen oder ihr eigenes Spielzeug herstellen.

Aus Holzstücken lässt sich eine ganze Welt zum Spielen erschaffen: Schiffe und Burgen, Bahnschaffner und Ritter, Brücken und Fußballfelder.

Sie benötigen für die Holzwerkstatt **Holzstücke unterschiedlicher Größe**, **Breite**, **Länge** und **Dicke** sowie **dünne Holzplatten** als Bau- und Spielgrund.

Schreinereien haben auf Nachfrage oft säckeweise unterschiedliche Holzreste übrig, die sie nicht mehr verwenden können. Für ein paar Euro bekommen Sie die Holzstücke auch nach Ihren Wünschen zugeschnitten.

Ritterburg

Materialien

pro Burg eine großflächige Holzplatte, Holzstücke in allen erdenklichen Formaten (v.a. längliche Stücke für die Burgmauern und kleine, rechteckige Stücke als Burgzinnen), Holzleim, evtl. Filzstifte, Acrylfarben, versch. Pinsel, Alufolie

Los geht's

Die Themen Ritter, Burgen und Mittelalter sind ein Dauerbrenner für die Jungs. Sie diskutieren und fachsimpeln oft stundenlang über die besten Rüstungen, Waffen, Verteidigungsanlagen und Kämpfe. Daher sind bei uns auch schon unzählige Ritterburgen zum Spielen entstanden.

Architektur entwerfen

Zuerst zeichnen die Kinder mit einem Bleistift einen „Bauplan“ für die Ritterburg. Wichtig ist eine Vorderansicht und eine Seitenansicht. Hat die Ritterburg Türme und einen Bogen in der Mitte, oder soll vielleicht eine Treppe zum Innenturm hochführen? Diese Einzelheiten sollten die Kinder bereits in ihrem Bauplan berücksichtigen.

Die Burgmauern hochziehen

Die Burg wird am besten von vorne nach hinten und von unten nach oben auf der Holzplatte aufgebaut und Seite für Seite verklebt. Vor dem Verkleben sollten Sie überprüfen, ob die Holzstücke der Türme und der Seitenwände gleich lang sind.

Ritter herstellen

Aus zwei kleinen Holzstückchen können die Kinder noch Figuren zum Spielen kleben. Mit Filzstiften malen sie Rittergesichter, die Haare fertigen sie aus Wolle an. Für die Rüstung könnte der Oberkörper mit silberner Farbe angemalt oder in Alufolie eingewickelt werden – fertig ist der Ritter.

Brückenbau

Materialien

pro Objekt eine großflächige Holzplatte, Holzstücke in allen erdenklichen Formaten, Holzleim, bunte Acrylfarben, verschiedene Pinsel

Los geht's

Brücken und ganze Straßenlandschaften zum Spielen zu bauen, ist für Jungen eine neue Herausforderung, die mit viel Freude, Interesse und Spannung erlebt wird.

Brücken zeichnen und vormodellieren

Zuerst zeichnen die jungen Architekten mit Bleistift eine Brücke oder Brückenlandschaft mit Straßen vor. Dann bauen die Kinder ein Modell auf, ohne die Stücke zu verkleben. Dazu legen sie verschiedene Holzstücke aneinander oder aufeinander auf die Basis-Holzplatte.

Strategisch Probleme lösen

Dabei wird am Anfang oftmals eine Brücke kurzfristig einstürzen. Dann ist irgendwo ein Baufehler aufgetreten, und die Kinder müssen den Fehler suchen. Wurde vielleicht auf die Seitenwand der Brücke ein zu schweres Holzstück gelegt? Sind die Holzstücke unterschiedlich hoch? Oder wurden tragende Elemente ungleichmäßig belastet?

Ausprobieren und Experimentieren

Ganz spielerisch lernen die Kinder an ihren Miniaturbrücken etwas über Statik. Bevor die einzelnen Holzstücke auf der Platte und miteinander verklebt werden, gibt es noch eine Menge auszuprobieren. Aber gerade das sehen die Kinder als eine Herausforderung.

Wenn alle Holzstücke verklebt und getrocknet sind, malen die Kinder ihre Brückenlandschaft noch mit Acrylfarben an.

Unsere eigene Stadt

Los geht's

Dieses Angebot übt eine große Faszination auf jüngere und ältere Kinder aus. Denn hier entsteht eine richtige Stadt zum Spielen und Bestaunen. Jeder wird zum Architekt und Baumeister. Dabei ist das Prinzip ganz simpel: Aus einfachen Holzgrundformen entstehen Häuser, Dächer, Zäune, Wege.

Ganz einfache Häuser bauen

Aus Holzstücken unterschiedlicher Formate bauen die Jungen Objekte ihrer Wahl. So kann z.B. ein Haus ganz einfach aus einem kleinen Quader und einem prismaförmigen Stück Holz entstehen. Hochhäuser werden aus mehreren Blöcken gestapelt, dünne, lange Holzleisten dienen als Zäune, mit kleinen Steinchen kann ein Weg gelegt werden.

Stadtelemente aufkleben und anmalen

So entstehen viele unterschiedliche Objekte, die eine Stadt ausmachen: Parksiedlungen, Blumenläden, ein Bahnhof mit Zügen, Spielplätze, ein Hausboot ... Wenn die Stadt fertig arrangiert ist, darf mit dem Holzleim aufgeklebt werden. Nach dem Trocknen bemalen die Kinder die Objekte noch mit Filzstiften oder Acrylfarben. ■

Materialien

Holzstücke in allen erdenklichen Formaten (v.a. quaderförmige, größere und längliche, schmale), Holzbretter, Holzleim, kleine Steine, Filzstifte / bunte Acrylfarben, versch. Pinsel

Fußballfieber

Materialien

kleine, quaderförmige Holzblöcke als Fußballspieler, weitere Holstücke in versch. Größen, Holzleim, bunte Acrylfarben, Borstenpinsel (Größen 4 und 6), Filzstifte

Los geht's

Neben unserer Kunstschule haben die Jungen natürlich noch ein anderes, großes Hobby: Fußball. Fußballspielen nimmt einen großen Stellenwert in ihrer Freizeit ein, daher ist dies auch immer wieder Thema im Kunstunterricht. Neben Bildern, Geschichten, Comics werden auch tolle Arbeiten aus Holz gefertigt. Bei diesem Angebot entsteht ein richtiges Miniatur-Spielfeld mit Fußballspielern.

Fußballer gestalten

Die kleinen Holzblöcke dienen als Fußballspieler. Die Kinder malen mit Acrylfarben ein Gesicht auf die selbst stehenden Holzstücke – am besten mit dünnen Borstenpinseln der Größen 4 und 6. Die Gesichter der Fußballer kommen besonders plastisch zur Geltung, wenn Haare, Augen, Nase und Mund über zwei Kanten gemalt werden, so dass die Nase genau auf einer Kante liegt. Haben die Fußballer das Trikot des Lieblingsvereins an? Das Trikot kann ebenfalls mit Farbe gemalt oder aus Stoff angeklebt werden.

Ein Spielfeld entwerfen

Die Fußballplätze können als Holzbilder zum Aufhängen oder als Objekte zum Hinstellen gefertigt werden. Mit Bleistift zeichnen die Kinder die Linien des Fußballfeldes auf die Holzplatte.
Wenn Sie möchten, fertigen Sie mit den Kindern ein maßstabsgetreues Modell mit verkleinerten Originalmaßen an. So integrieren Sie geometrisches Lernen in das Projekt.

Das Stadion ausbauen

Anschließend wird das Drumherum konstruiert: Wo sind die Tribünen und Fankurven? Gibt es Werbebanner?
Stehen die Maße des Feldes fest, ordnen die Kinder die Holstücke als Tore, Werbebanner, Tribünen, Flutlichtmasten etc. an und kleben sie auf.

Jetzt kommt Farbe ins Spiel

Das Spielfeld malen die Kinder mit flüssiger Acrylfarbe aus. Wenn die Kinder die Fans im Stadion möglichst lebensecht darstellen möchten, ist dies am besten mit hautfarbener Acrylfarbe und Filzstiften zu erreichen. Zuerst zeichnen die Kinder die Besucher mit Bleistift vor. Der Kopf wird mit der flüssigen Acrylfarbe, die Kleidung mit Filzstiften ausgemalt. Ist die Kopffarbe getrocknet, malen die Kinder die Gesichter ebenfalls mit Filzstiften an.

Fußball-Fotokunst

Sind die Stadien in einem Top-Zustand? Dann kann die WM ja beginnen. Zum Schluss fotografieren die Kinder ihre Fußballer auf dem Rasen. Am besten tun sie das aus der Hocke oder auf den Bauch liegend, dass die Fußballer frontal zu sehen sind.
Ganz toll ist es, wenn die Kinder verschiedene Spielsituationen mit den Holzfußballern arrangieren, jedes Standbild fotografieren und die entwickelten Fotos später als Fotostrecke präsentieren.

Spiele aus Holz

Materialien

größere Holzplatten, kleinere Holzstücke in allen erdenklichen Formaten, Holzleim, bunte Acrylfarben, Borstenpinsel (Größen 8 und 12)

Los geht's

Mit großer Begeisterung erfinden die Jungen fantasievolle Spiele und bauen die unterschiedlichsten Konstruktionen aus Holzklötzen und Holzresten.

Fantasievolle Spiele ausdenken

Der absolute Hit sind die Murmel-Labyrinthe, in denen durch Drehen und Wenden der Grundholzplatte eine Murmel sich ihren Weg vom Start ins Ziel bahnen muss. Das Ausdenken und Konstruieren der Wege bereitet den Jungen besonders viel Freude.
Aber auch Spieltürme oder „Mensch-ärgere-dich-nicht"-Spiele stehen hoch im Kurs.

Holzstücke anordnen

Auf einer größeren Holzplatte werden auch hierbei die Holzstücke zuerst angeordnet und verändert, bis das Ergebnis zufriedenstellend ist. Dann kleben die Kinder die Holzteile mit Holzleim auf.

Die Spiele verkleben und bemalen

Beim Bauen der Wege achten die Kinder darauf, dass die Murmel an jeder Stelle genug Platz hat und die Wege nicht zu schmal geklebt werden.
Beim Aufkleben der Holzstücke sollte der Kleber ruhig großzügig aufgetragen werden, damit das Spiel später auch haltbar genug ist.
Nach einem Tag Trockenzeit bemalen die Kinder ihre Holzspiele mit Acrylfarben.

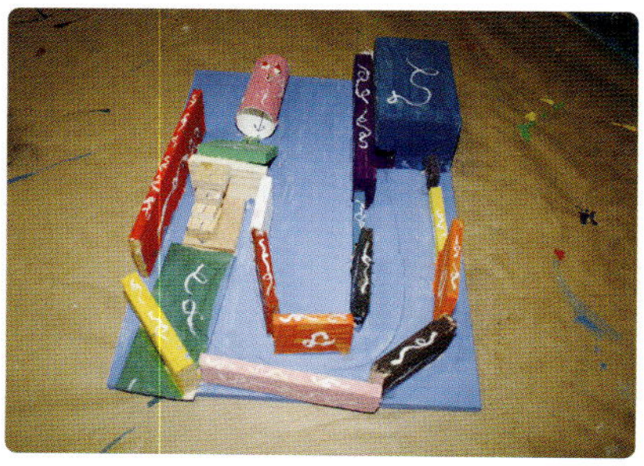

Kapitel 4

Das STEINZEIT-Projekt

Zurück in die Steinzeit

Ein Zeitsprung in die **Steinzeit** ist für Jungen ein aufregendes Projekt. Sie wollen dann auch selbst in Höhlen malen, in Zelten leben und abends am Feuer essen und all die wilden Tiere von damals kennenlernen.

Wahrscheinlich entspricht die naturverbundene und einfache Lebensweise vor 20 000 Jahren viel mehr dem kindlichen Wissensdrang und Experimentiereifer als heutiges technisches und modernes Leben. Schnell kommen die Jungen darauf, dass es früher in der Steinzeit keine Fußballvereine, Handys oder Computerspiele gab. Ihnen wird schnell bewusst, dass das, was zur heutigen Zeit selbstverständlich ist, die Steinzeitmenschen früher gar nicht kannten.

Der Name „Steinzeit" deutet schließlich darauf hin, dass die Menschen als Werkstoff lediglich **Steine** kannten. Dies sorgt für heitere und anregende Diskussionen unter den Kindern.

Vielmehr waren die Steinzeitmenschen beschäftigt, ihren Alltag zu organisieren. Da es keine Supermärkte und Häuser gab, waren die Nahrungssuche, die Jagd und der Bau von Erd- und Steinhöhlen die zentralen Tagesbeschäftigungen. Aber schon die Steinzeitmenschen hatten neben dem reinen Überlebensinstinkt bereits ein künstlerisches Gespür. Davon zeugen die bekannten **Höhlenmalereien** und angefertigte Skulpturen, wie die zahlreichen Venusfiguren aus jener Zeit.

Vor dem Start des Projekts recherchieren die Kinder erst einmal zu folgenden zentralen Fragen:

- **Welche Dinge/Werkzeuge kannten die Menschen?**
- **Welche Dinge gab es damals nicht?**
- **Wie haben die Menschen gewohnt?**
- **Welche Tiere lebten noch in der Steinzeit?**
- **Wie haben die Steinzeitmenschen ihren Tag verbracht?**
- **Wie sahen die ersten Kunstwerke der Steinzeit aus?**
- **Was würden wir vermissen in der Steinzeit?**

Steinzeitobjekte

Materialien

Kartons, Stöcke, Zeitungen, Gipsbinden, lufttrocknender Ton, flüssige Farben, verschiedene Pinsel, Draht, Universalkleber, Stoffreste

Steinzeitgeschichten

Nachdem die Jungen erste Informationen über die Steinzeit erhalten und gesammelt haben, erzählt jedes Kind, welche Begebenheit aus der Steinzeit es besonders interessiert. Einige Jungen fasziniert besonders das Feuermachen, andere interessieren sich für die Gestaltung der Höhlen. Die meisten Jungs finden natürlich die wilden Tiere wie Mammuts und Säbelzahntiger spannend – den bekannten Animationsfilmen sei Dank.

Steinzeitlandschaften entwerfen

Die Kinder arrangieren aus verschiedenen Materialien Steinzeitlandschaften in flachen Kartons. Darin werden Steinzeitmenschen, Tiere, Höhlen etc. in ganz unterschiedlichen Situationen gezeigt. Höhlen und Felslandschaften lassen sich gut aus zerknülltem Zeitungspapier und Gips formen. Wenn der Gips getrocknet ist, kann die Höhle bemalt werden.

Steinzeitobjekte hinzufügen

Menschen und Tiere werden aus stabilem Papier ausgeschnitten, angemalt und mit Draht oder Klebstoff an den Felsen oder dem Untergrund befestigt.

Steinzeit-Plastik

Materialien

lufttrocknender Ton, Zahnstocher, Schere oder Cutter, Farben, Holzstücke, Heißklebepistole

Los geht's

Mammuts, Bären, Rentiere, Steppenwisent, Wildpferde, Auerochsen und viel andere Steinzeittiere stoßen auf großes Interesse bei den Jungen. Die Kinder blättern eifrig in Tierbüchern und wünschen sich am liebsten ein Steinzeittier als Haustier. Weil das wohl kaum noch möglich ist, bauen sie ihre Tiere eben selber.

Steinzeit-Haustiere entwerfen

Kneten Sie die Tonmasse durch und formen sie mit einer Küchenrolle zu einem 1 cm dicken Rechteck. Jedes Kind bekommt eine Tonfläche von etwa 12 x 10 cm.

Mit einem Zahnstocher ritzen die Kinder den Umriss des Tieres in den Ton hinein. Hierbei ist wichtig, dass die Kinder nicht zu fest mit dem Zahnstocher aufdrücken, sondern nur ganz leicht ritzen. Wenn zu tief in den Ton geschnitten wird, könnten z.B. die Beine abgetrennt werden.

Ausprobieren, verwerfen, neu machen

Falls die Kinder einen Fehler machen, können sie ganz einfach mit dem Finger und etwas Wasser wieder drüberwischen und neu ritzen.
Damit das Steinzeittier hinterher aufrecht stehen kann, dürfen die Beine nicht zu schmal gezeichnet werden, und müssen unbedingt gleich lang sein.

Tontiere ausschneiden und aufkleben

Die fertige Tonzeichnung wird mit einer Schere vorsichtig ausgeschnitten. Je nachdem, wie alt die Kinder sind, können Sie sie ihr Tier auch mit einem Cutter ausschneiden lassen, dies aber nie unbeaufsichtigt! Nachdem der Ton ausgehärtet ist, bemalen die Kinder ihre Steinzeittiere und befestigen sie mit einer Klebepistole auf einer Holzplatte.

Die Höhle von Lascaux

Nur durch einen Zufall wurde die heute wohl **bekannteste Steinzeithöhle von Lascaux** entdeckt. Dazu gibt es eine Geschichte: Am 12. September 1940 spielten vier Jungen mit ihrem Hund in den Wäldern oberhalb von Montignac im Tal der Vezere. Plötzlich stürmte der Hund aufgeregt davon. Die Kinder rannten ihm nach und fanden ihn bellend vor einem geheimnisvollen Loch.

Sie räumten die umherliegenden Steine weg, um das Loch zu verbreitern, und stiegen in die Höhle hinab. Zum großen Erstaunen der Jungen fanden sie **wunderschön bemalte Höhlenwände** mit Tieren vor.

Die Entdeckung der Jungs bewegte die ganze Welt, da sich nirgendwo anders so viele **urzeitliche Darstellungen** finden ließen. In der über 100 m langen Höhle fand man über 1 500 Ritzzeichnungen und rund 600 naturgetreue Bilder von Hirschen, Rindern, Bisons, Büffeln und Pferden.

Die Tierdarstellungen sind zum Teil sehr gewaltig. An der Höhlenwand prangen bis zu 5 m lange Stiere. Diese Höhle wurde bis heute naturgetreu erhalten. Viele Menschen aus aller Welt reisen nach Frankreich, um die Höhle zu besuchen.

Aber es dürfen immer nur wenige Menschen auf einmal in die Höhle. Fotografieren ist strengstens verboten, weil die wertvollen Zeichnungen durch das Blitzlicht ausbleichen könnten.

Auf folgender Internetseite gibt es viele Hintergrundinformationen und Fotos von der Höhle zu Lascaux sowie einen virtuellen Rundgang: **www.culture.gouv.fr/culture/arcnat/lascaux/de**

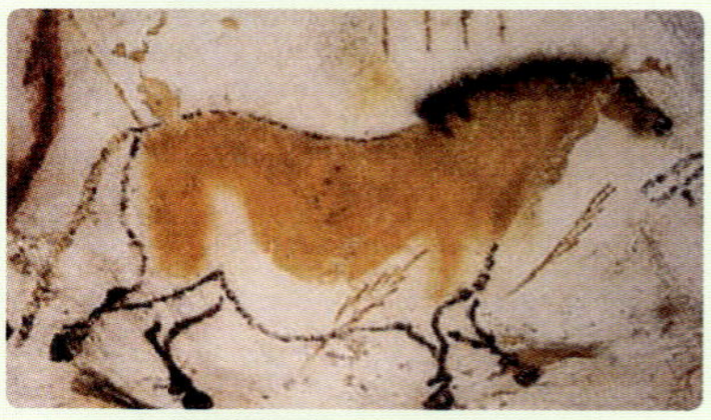

Foto: © Cro-Magnon peoples/Wikipedia

Kopie einer prähistorischen Malerei in der Höhle von Lascaux, Museum d'Aquitaine, Bordeaux, Frankreich. Foto: © Pline/Wikipedia

Höhlenmalerei

Materialien

Gipskarton-Pulver (z.B. Rigips), Spachtel, Gummibehälter, flüssige Acrylfarben in Gelb-, Braun- und Rottönen, verschiedene Pinsel, Kohle, Kreiden, evtl. Kerze und Stock, Leinwand oder Pappe als Malgrund

Los geht's

Die Kinder gestalten eine eigene, möglichst authentische Höhlenmalerei mit Farbtönen, wie sie damals die Steinzeitmenschen zur Verfügung hatten. Damals malten die Menschen mit verschiedenfarbigen Erdtönen und Tierblut.

Steinzeitfarben anrühren

Die Kinder rühren die Acrylfarben mit ein wenig Gipskarton-Pulver und Sand in einem Gummibehälter an. Zum Rühren können sie einen Spachtel benutzen. Normales Gipspulver ist nicht gut geeignet, da es zu schnell trocknet und schlecht zu verarbeiten ist.

Die Farben auftragen

Diese Grundmasse tragen die Kinder mit dem Spachtel großflächig auf ihre Leinwand auf. Die Masse darf ruhig grob und uneben aufgetragen werden, denn die Höhlen hatten ja auch keine ebene Fläche.

Malen mit Stöcken, Ruß und Kohle

Ist die Masse über Nacht getrocknet, können die Kinder am nächsten Tag ihre Tiermotive aufmalen. Als besonderes Erlebnis haben die Jungen es empfunden, mit Stöcken zu malen. Hierzu wird der Stock in die Kerzenflamme gehalten, bis sich Ruß gebildet hat. Tiere, Menschen oder geheime Zeichen können mit Kohlestäbchen und Kreiden gemalt werden.

Steinzeitlandschaften

Materialien

lufttrocknender Ton, Zahnstocher, Schere oder Cutter, Farben, Holzstücke, Heißklebepistole

Los geht's

Die Jungs entwerfen hier Steinzeit-Meisterwerke, wie es die Menschen vor 20 000 Jahren kaum besser gekonnt hätten.

Den Hintergrund anlegen

Zunächst legen die Kinder auf einer Graupappe den Hintergrund der großen Steinzeitlandschaft an. Dazu tragen die Kinder mit 2–4 Kreidefarben unter geringem Druck waagerechte Schichten nebeneinander auf. Diese werden anschließend leicht miteinander verwischt, um sanfte Übergänge zu erzeugen.

Die Landschaften ausgestalten

Dann malen die Kinder die Umrisse von Tieren, Menschen und Pflanzen mit Kohle auf den Hintergrund. Mit den Kreidefarben werden die Objekte nun unter etwas stärkerem Druck ausgemalt, damit sie sich gut vom Hintergrund abheben. Bei den Tieren verwischen die Kinder mit dem kleinen Finger leicht das Tierfell, damit sie lebensechter wirken. ■

Tipp

Mit Keilrahmenschenkeln aus Holz kann das Bild an der Wand aufgehängt werden.

Kapitel 5

Das DINO-Projekt

Dino-Fieber

Themen-Exkurs

Stegosaurus, Tyrannosaurus Rex, Spinosaurus und Co. sorgen noch immer für höchste **Faszination** bei den Jungs.

Wenn es ein Wissensgebiet gibt, in dem Kinder uns Erwachsenen haushoch überlegen sind, dann geht es um die **Dinosaurierwelt**. Die Kinder können uns über das Erdmittelalter und die verschiedensten Dinosaurierarten mit großem Eifer berichten, und wir können von ihnen noch so viel lernen.

Auch bei uns in der Kinderkunstschule bricht jedes Jahr aufs Neue das Dinofieber aus. Die Kinder zwischen 4 und 12 Jahren ergründen das Dinosaurierleben gerne immer wieder aufs Neue kreativ und wissbegierig.

Ob es darum geht, Dinosaurier zu malen, zu töpfern, zu fotografieren, ein Lexikon zu erstellen oder eine fantasievolle Dinosauriergeschichte zu erfinden – mit Feuereifer sind die Jungs dabei.

Die Kommunikation untereinander ist ein wesentlicher Bestandteil des Projektes. Stolz teilen sich die Jungs gegenseitig ihr Wissen mit und vertiefen sich in anregende Diskussionen, spielen zusammen im neugebauten Dinosauriergehege oder lauschen einer selbst erfundenen Dinosauriergeschichte.

Bedeutend ist, dass die Jungen sehr an sachlichen Informationen, Fakten und Zahlen interessiert sind und der Dinosaurier gleichermaßen als künstlerische und kreative Auseinadersetzung auf großes Interesse stößt.

Umfassende Informationen über viele Dinosaurierarten und Hintergründe finden Sie auf der Internetseite: **www.dinosaurier-interesse.de**

Dinosauriergehege

Materialien

Leinwand oder starker Karton, Klopapierrollen, Küchenrollen, Luftballons, Gipsbinden, Kissenfüllwatte/Schaumstoff, Klebeband, bunte Acrylfarben, Pinsel

Los geht's

Die Jungen spielen natürlich gerne mit ihren selbst getöpferten Dinosauriern. Daher darf ein Dinosauriergehege zum Spielen nicht fehlen.

Eine Dino-Landschaft entwerfen

Eine Leinwand oder eine stabile Pappe dient als Untergrund für das Dinosauriergehege. Auf dem Gehege befinden sich Hügel, Bäume, Wiese und Erde. Die Bäume entstehen aus Klopapierrollen, Küchenrollen und Luftballons.

Bäume, Hügel und Berge bauen

Zuerst malen die Kinder die Rollen mit unterschiedlichen Brauntönen an. Während die Baumstämme trocknen, bauen die Kinder die Hügellandschaft. Dazu befestigen sie die Watte bzw. den Schaumstoff mit Klebestreifen auf der Leinwand. Das Material ist weich, es lässt sich gut schneiden und zerknüllen. Mit Gipsbinden und Wasser wird der Berg zweimal rundum fixiert. Erst wenn die Hügel getrocknet sind, werden die Baumstämme mit Klebeband und Gipsbinden fixiert.

Das Gehege bemalen

Auch die Baustämme müssen nun erst trocknen und richtig fest sein. Jetzt kann ein leicht aufgeblasener Luftballon von oben in den offenen Baumstamm eingesteckt und als Baumkrone eingegipst werden. Während die Gipsbinden auf und um den Luftballon trocknen, bemalen die Kinder mit dicken Pinseln die Hügel, Wiesen und Erdflächen mit unterschiedlichen Grün- und Brauntönen.

Dinosaurier abzeichnen

Materialien

Dinosaurier-Spielfiguren, Pastellkreiden, Bleistifte, große Papierbögen

Los geht's

Mit großer Begeisterung zeichnen die Jungen ihre Lieblingsdinos von Vorlagen ab und informieren sich gegenseitig über die Tiere. Die Jungen bringen verschiedene Dinosaurier-Spielfiguren von zu Hause mit.

Inspiration durch Spielfiguren

Jeder sucht sich einen Dinosaurier aus, den er abzeichnen möchte. Zunächst betrachtet jedes Kind seinen Dino ganz genau. Welche Farben hat er? Die passenden Kreidetöne werden herausgesucht und mit dem Dinosaurier verglichen.

Malen mit Kreiden

Auf einem größeren Papierformat zeichnen die Kinder mit Bleistift den Umriss des Dinosauriers. Dann malen sie ihn mit den Kreiden in authentischen Farben aus. Wenn das Fell der Dinosaurier farbliche Übergänge aufweist, werden die Kreidefarben mit dem Zeigefinger ineinander verwischt.

Den Hintergrund ausgestalten

Zuletzt gestalten die Kinder den Vorder- und Hintergrund aus. Dazu überlegen sie sich, wo sich der Dinosaurier gerade befindet. In der Steppe, im Wald, auf einer Wiese? ■

Dinosaurier töpfern

Materialien

Dinosaurier-Spielfiguren, lufttrocknender Ton, wasserlösliche Farben oder Acrylfarben, Pinsel (Größen 2, 4 und 6)

Los geht's

Nachdem die Jungs die Dinosaurier gezeichnet haben, werden die faszinierenden Geschöpfe nun dreidimensional. Die Jungs formen sich aus dem Ton einen Dinosaurier nach eigener Fantasie oder bringen sich einen Dinosaurier als Vorlage von zu Hause mit.

Dinos ausformen

Zuerst muss der Ton gut durchgeknetet werden. Anschließend formen die Kinder ihre Dinos aus. Die Augen und das Maul werden mit einem umgedrehten Pinsel in den Ton leicht hineingedrückt.

Dinos bemalen

Am nächsten Tag bemalen die Kinder die Dinosaurier nach dem Trocknen mit flüssigen Farben. Dabei können verschiedene Farben so miteinander vermischt werden, dass eine Auswahl von Grün-, Braun- und Rottönen entsteht. Am besten verwenden die Kinder zum Anmalen Pinsel der Größen 4 und 6. Für Mund und Augen eignet sich Pinselgröße 2 am besten. Alternativ können die Pinsel auch einfach umgedreht werden, und die Kinder tupfen Farben mit dem Pinselstiel auf. ■

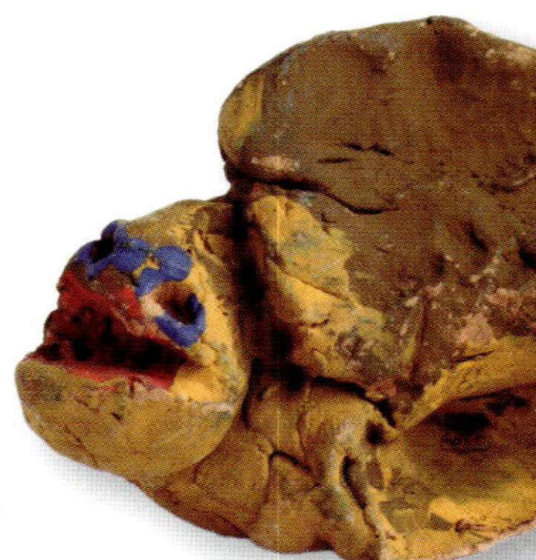

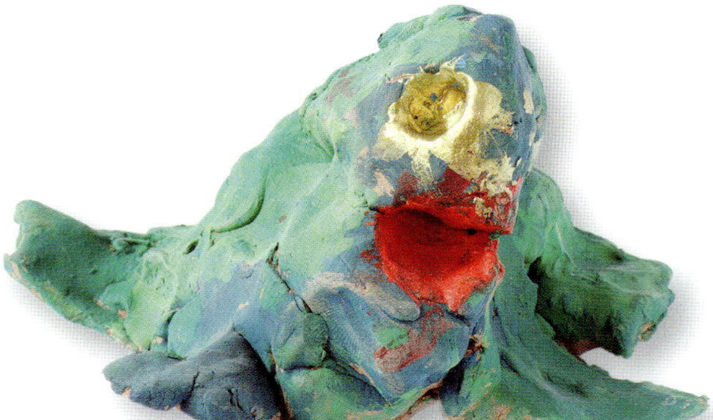

Dinosaurier-Fotografie

Materialien

getöpferte Dinosaurier, Digitalkameras, evtl. Bildbearbeitungs-Software und PC

Los geht's

Mit den getöpferten Dinosauriern und Kameras geht es raus in den Garten oder in einen Park. Dort fotografieren die Kinder die Dinosaurier an unterschiedlichen Plätzen.

Anders fotografieren lernen

Kinder neigen dazu, ihre Objekte im Stehen von oben zu fotografieren. Hier lernen sie andere Perspektiven kennen: Leiten Sie die Kinder dazu an, Fotos in der Hocke oder im Liegen zu machen. Die Kinder fotografieren die Dinos aus verschiedenen Perspektiven, von ganz nah und aus einiger Entfernung, versteckt im Gras, majestätisch auf einem Felsen oder spielend im Rindenmulch.

Fotos in Szene setzen

Aus den Fotos lassen sich schöne Postkarten oder Poster herstellen. Oder wie wäre es mit einem Fotobuch? Eine kostenlose Bildbearbeitungs-Software mit ganz einfachen Funktionen können Sie z.B. unter www.dm-digifoto.de herunterladen.

Fotos am PC bearbeiten

Am PC bearbeiten die Kinder dann ihre Fotos, verteilen sie auf die Fotobuch-Seiten und können sogar kleine Texte hinzufügen. Vielleicht entsteht ja so eine richtige Dinosaurier-Geschichte.
Da ein Fotobuch pro Kind nicht ganz billig wird, können Sie natürlich auch ein gemeinsames Fotobuch für die ganze Gruppe erstellen. ■

Dinosaurierausstellung im Freien

Materialien

Polystyrol-Platten (z.B. Styropor), Acrylfarben, Pinsel, Bambusstöcke, Klebeband, Cutter

Los geht's

Ein wirkliches Highlight ist eine Dinosaurierausstellung im Garten oder Park – natürlich als angekündigtes Event mit zahlreichen Besuchern.

Dinos aufzeichnen und ausmalen

Die großen Dinosaurier entstehen aus Polystyrol-Platten. Zunächst zeichnen die Kinder ihre Dinos mit wasserfester Acrylfarbe vor. Danach werden sie in den verschiedensten Farben ausgestaltet.

Dinos ausschneiden

Nun sollten Sie als Erwachsener alle Dinos mit einem Cutter ausschneiden. Die Kinder sollten diese extrem scharfen Messer nach Möglichkeit nicht selbst benutzen. Durch das Schneiden sind wieder weiße Außenkanten auf den Platten entstanden. Diese müssen nun ebenfalls noch angemalt werden.

Dinosaurierausstellung im Freien

Dinos draußen in Szene setzen

Auf der Rückseite des Dinosauriers fixieren die Kinder einen Bambusstock mit Klebeband. Die Dinosaurier werden für die Ausstellung auf dem Rasen angeordnet. Was natürlich bei einer Ausstellung nicht fehlen darf, sind fachgerechte Beschreibungen der Dinosaurier auf Schildern – wie in einem botanischen Garten. Schön ist es, wenn die Kinder vor der Ausstellung selbst gestaltete Einladungen verschicken bzw. zu ihren Eltern, Freunden und Verwandten mit nach Hause nehmen. ■

Kapitel 6

Das 500-PS-Projekt

Autobegeisterung in der Kunstschule

Themen-Exkurs

Jungen haben schon sehr früh ein großes Interesse an Autos, Rennwagen, Geländewagen und Motorrädern. Das Auto ist nun mal das **Lieblingsspielzeug** aller Männer. Diese Begeisterung nehmen die Jungs natürlich mit. Kein Wunder also, dass sich schon 7-Jährige über PS, Höchstgeschwindigkeit und Felgengrößen unterhalten. Kaum ein Projekt ist so kommunikativ wie dieses ...

Die Jungen bringen ihre Autobücher, Spielkarten und Spielzeugautos mit und fachsimpeln voller Begeisterung über ihre Lieblingsmodelle. Autozeitschriften mit Hochglanzfotos von schnellen Sportwagen sind heiß begehrt.

In unterschiedlichen Sachbüchern aus der Bücherei beschäftigen sich die Jungs mit der **Geschichte und Weiterentwicklung des Automobils** von damals bis heute. Das Auto hat in den letzten 100 Jahren eine enorme Entwicklung gemacht.

- **Wer hat eigentlich das Auto erfunden?**
- **Wie werden Autos gebaut?**
- **Wie funktioniert ein Motor?**

Schnell entbrennen Diskussionen über die sportlichsten Formen der Autos, über breite Reifen und dicke Auspuffrohre. Lustig, dass die Kinder im Grundschulalter dabei so authentisch die erwachsenen Männer widerspiegeln, die sich oft mit der gleichen kindlichen Begeisterung über Sportwagen austauschen ...

Schnell wird der Wunsch einem eigenen Auto groß: Wie lange dauert es noch, bis wir 18 sind? Wenn auch das Ziel noch in weiter Ferne liegt – in der Kunst ist alles möglich. Durch Zeichnen und Fotografieren werden individuelle Rennfahrer-Fotomontagen erstellt. Begeistert formen die Kinder Autos aus Ton, bauen eine Rennstrecke und erfinden spannende Autogeschichten.

Rennwagen töpfern

Materialien

lufttrocknender Ton, Tonwerkzeug, Zahnstocher, bunte Acrylfarben, dünne Borsten- und Feinhaarpinsel

Los geht's

Die Jungs bauen aus Ton einen richtigen Sportwagen für die Rennstrecke. Da dürfen natürlich wichtige Details wie die großen Auspuffrohre, Spoiler und Werbeaufschriften nicht fehlen.

Inspiration aus Automagazinen

Aus Autozeitschriften suchen sie sich einen Rennwagen aus, und töpfern diesen nach. Zuerst kneten die Kinder den Ton gut durch und formen eine grobe Karosserieform. Durch wiederholtes Vergleichen und Nachformen wird der Rennwagen immer plastischer und detaillierter. Angebaute Teile wie Spoiler und Räder werden mit dem Tonwerkzeug oder den Fingern gut ringsherum verstrichen, damit sie später nicht abfallen.

Details ausarbeiten

Zum Schluss können noch weitere Details wie Scheinwerfer, Felgenform oder Reifenprofil mit einem Zahnstocher in das Tonauto eingeritzt werden. Nachdem der Rennwagen nach einem Tag ausgetrocknet ist, bemalen ihn die Kinder mit bunten Acrylfarben. Für filigrane Details am besten ganz dünne Feinhaarpinsel benutzen. ■

Autorennstrecke bauen

Materialien

viele große Holzplatten gleicher Höhe, Bleistifte, bunte Acrylfarben, Filzstifte, Holzstücke in verschiedenen Größen, Weinkorken, Holzkleber, Pfeifenputzer

Los geht's

Die Rennwagen stehen in den Startlöchern. Jetzt müssen sie auch auf die Rennstrecke. So können die Jungs ihre Autos auch ansprechend in Szene setzen. (Zum Spielen sollten sie allerdings besser Matchbox®-Autos verwenden ...)

Rennstrecke vorzeichnen

Aus mehreren gleich hohen Holzplatten legen Sie eine große, möglichst rechteckige Fläche zusammen. Mit einem Bleistift zeichnen die Kinder ihre Rennstrecke vor. Dabei sollten sie darauf achten, dass die Strecke überall so breit ist, dass die Spielzeugautos gut Rennen fahren können. Anschließend wird die Fahrbahn grau angemalt.

Die Peripherie ausgestalten

Wenn die graue Farbe getrocknet ist, malen die Kinder Startplätze, Warnmarkierungen und Fahrbahnbegrenzungen hinzu. Nun kann die Umgebung weiter ausgestaltet werden. Die Jungs malen z.B. noch Rasen und Kiesflächen auf.

Plastische Elemente hinzufügen

Jetzt fehlen noch ein paar plastische Elemente. Mit kleineren Holzstücken und Korken können Tribünen und Türme gebaut werden. Erst, wenn die Elemente fertig angeordnet sind, kleben die Kinder die Einzelteile mit Holzkleber zusammen. Den Kleber dabei großzügig mit dem Pinsel auftragen. Danach ruhen die Objekte noch einen Tag, bevor die Kinder sie mit Acrylfarben anmalen.
Die Zuschauer bestehen übrigens aus zwei Holzklötzchen und angeklebten Pfeifenputzern. ■

Ein Autokalender

Materialien

Blanko-Kalender, weißes Papier, Bleistifte, Buntstifte, Aquarellstifte

Los geht's

Ein beliebtes Objekt unter Autofans ist der Autokalender. Warum aber einen teuren Hochglanzkalender aufhängen, wenn die Jungs den auch mit viel Leidenschaft selber gestalten können?

Entwürfe nach Vorlagen zeichnen

Nach Vorlagen aus Autozeitschriften oder ganz nach der eigenen Fantasie zeichnen die Jungen ihre Lieblingsautos. Zunächst zeichnen sie nur die Umrisse mit Bleistift auf die weißen Blätter. So können sie ruhig mehrere Entwürfe benötigen, bis die Form gefällt. Ist ein Entwurf gelungen, wird er mit verschiedenen Bunt- oder Aquarellstiften eingefärbt.

Kalenderblätter füllen sich

Anschließend zeichnen die Jungs den Hintergrund, vielleicht eine schöne Landschaft oder aber eine Rennstrecke. Wenn jedes Kind einen eigenen Kalender gestaltet, muss es natürlich 12 Zeichnungen anfertigen. Es können aber auch immer mehrere Kinder einen gemeinsamen Kalender gestalten.

Den Kalender ausgestalten

Sind 12 schöne Motive entstanden, kleben die Kinder diese auf die Blanko-Kalenderblätter. Vielleicht werden die Bilder auch noch getreu nach den Jahreszeiten gestaltet? Dann driftet im Januar ein Rallyewagen durch den Schnee, und im August fährt ein elegantes Cabrio über die Uferpromenade. ■

Rennfahrer-Fotomontage

Materialien

Fotoapparat, runde Keksdosendeckel, kleine Schere, weißes Papier, Bleistift, Buntstifte, wasserlösliche Aquarellstifte, evtl. Holzrahmen, Acrylfarben und Pinsel

Los geht's

Ein eigenes Rennauto zu besitzen und dies auch fahren zu dürfen, davon träumen nicht nur „kleine Jungs". Mit recht einfachen Mitteln stellen die Jungen hier eine Rennfahrermontage von sich selbst und ihrem Traumauto her. Aus Autozeitschriften suchen sich die Jungen ihr Lieblingsmodell aus, welches sie später abzeichnen werden.

Rennfahrerfotos machen

Die Kinder fotografieren sich gegenseitig von der Seite oder von vorne. Das Kind, das fotografiert wird, setzt sich auf einen Hocker und streckt die Arme nach vorne, als würde es ein Auto lenken.
Als Lenkrad eignet sich gut eine runde Keksdose oder deren Deckel. Fotografiert wird aber nur der Oberkörper. Am besten jedes Motiv mehrmals fotografieren, um eine große Auswahl zu bekommen.

Den Rennfahrer aufkleben

Aus den entwickelten oder ausgedruckten Fotos schneidet jedes Kind seinen Oberkörper ringsum samt Keksdose aus und klebt ihn auf ein weißes Blatt Papier. Um den ausgeschnittenen Oberkörper herum zeichnen die Kinder die Fensterfläche des Autos auf das Papier. In das seitliche Fenster zeichen die Kinder nun das Lenkrad.

Das Auto zeichnen

Nun sitzt der Rennfahrer schon perfekt hinter dem Steuer. Um das Fenster zeichnen die Kinder dann das restliche Auto. Dabei achten sie auf wichtige Details wie Spiegel, Felgen, Spoiler etc.

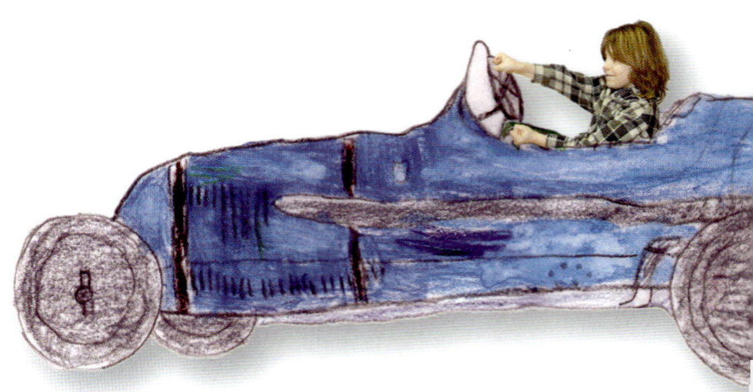

Rennfahrer-Fotomontage

Die Rennwagen ausgestalten

Zum Schluss malen die Kinder ihren Rennwagen mit Buntstiften oder wasserlöslichen Aquarellstiften aus. Die Aquarellstifte sehen genauso aus wie Buntstifte. Werden sie mit Wasser übermalt, lösen sich die Farben leuchtend auf. Zum Vermalen der Farben nur wenig Wasser und dünne Feinhaarpinsel verwenden.

Die Bilder einrahmen

Wer möchte, kann sein Rennfahrerbild noch einrahmen. Dazu kann ein handelsüblicher Holzrahmen verwendet werden. Auf diesen malen die Jungs dann noch ein Rennfahrermuster (z.B. Schwarz-Weiß-Karos) mit flüssigen Farben. ■

Autogeschichten

Rennwagen wurden getöpfert, Rennstrecken konstruiert. Die Jungs haben sich selbst in ihren Traumwagen in Szene gesetzt – nun liegen die **Geschichten** im wahrsten Sinne des Wortes auf der Straße. Max, 8 Jahre alt, hat sich eine Geschichte über einen Rennfahrer ausgedacht und dazu die passenden Bilder gemalt (siehe S. 87).

Sie sollten allerdings die Kinder beim Schreiben unterstützen, indem Sie gemeinsam die Geschichten strukturieren und gezielt Fragen stellen, die die Storys vorantreiben:

- **Welche Personen kommen vor, und was hat die Hauptperson für ein Leben?**
- **Geht es um ein bestimmtes Autorennen in der Geschichte oder eher um eine Alltagssituation?**
- **Soll die Geschichte eine bestimmte Problemstellung haben?**
- **Spielen Gefühle oder ein Konflikt eine Rolle?**
- **Wie erreicht die Hauptperson ihr Ziel?**

Wenn die Geschichte fertig ist, teilen die Kinder sie in Abschnitte ein und malen zu jedem Abschnitt ein Bild. Die Jungs können aber auch erst einen Abschnitt schreiben und sich abwechselnd mit Bild und Text beschäftigen. Die Bilder können mit unterschiedlichen Materialien ausgestaltet werden. Damit die Kinder ihre Szenen großzügig und differenziert darstellen können, malen sie mindestens auf DIN-A3-Format. Große Flächen wie Himmel oder Wiesen malen die Kinder mit Pastellkreiden und verwischen anschließend die Flächen. Personen werden mit Bleistift vorgezeichnet und mit Buntstiften oder Wachskreiden ausgemalt.

Wenn die Bilder alle fertig sind, sollten Sie sie fotografieren und digitalisieren. Mit einer Präsentationssoftware (z.B. MS Powerpoint) können die Kinder selber ihre Bilder mit den dazugehörigen Texten anordnen und die Seiten ausdrucken. Wer dazu nicht die Möglichkeit hat, lässt die Fotos der Geschichte im Fotoladen entwickeln und klebt diese, der Reihenfolge nach, auf dickes DIN-A4-Papier.

Im Copyshop gibt es verschiedene Buchbindungen zur Auswahl. Empfehlenswert ist eine **Hardcoverbindung**, da es die stabilste Bindung ist und die Kinder ihr fertiges Buch oft durchlesen und zeigen können. Alternativ geben Sie einfach ein Fotobuch in Auftrag.

Saschas Rennwagen

von Max, 7 Jahre alt

Sascha ist ein Rennfahrer und ist 34 Jahre alt. Er hat ein sehr großes Haus mit Schwimmbad, Sauna, Wald und einer großen Einfahrt mit Hof.

Sascha hat einen Rennwagen gekauft. Es ist ein BMW M3 '02. Sascha macht einen Sicherheitsscheck und stellt fest, dass die Gurte falsch sind.

Sascha sagt: „Ich muss die Firma Gurt & Co anrufen." Es meldet sich Herr Apfel: „Hallo, hier Gurt & Co." Sascha sagt: „Bei mir im Rennwagen sind falsche Gurte. Sie müssen sofort kommen."
Herr Apfel antwortet: „Ich komme sofort."
Herr Apfel fährt zu Sascha nach Hause.
Herr Apfel fragt: „Hallo, ist das das Auto?"
Sascha sagt: „Ja, das ist das Auto."
Herr Apfel baut die Gurte aus und sagt: „Die Gurte kann ich verkaufen." Dann baut Sascha die neuen Gurte ein.

Sascha ist mit seinem Rennwagen zum Flughafen gefahren. Er fährt mit seinem Rennwagen in ein sehr großes Flugzeug und fliegt nach Kanada. In Kanada ist ein BMW-Rennen, das Sascha sehr wichtig findet.

Der Kommentator sagt: „Noch drei Sekunden bis zum Start." Sascha startet, aber dann drehen die Reifen durch. Sascha sagt: „Mist, warum klappt das nicht?" Plötzlich sind alle anderen Autos weg, und Sascha ist der Letzte. ➔

Saschas Rennwagen

Sascha gibt Gas und holt die Runden sehr schnell auf. Ein paar Runden danach ist Sascha schon hinter dem ersten Auto. Auf einmal schubst der Wagen hinter ihm Sascha ins Kiesbett. Sascha fährt geradeaus durch das Kiesbett und hat Glück. Er fährt genau in die Abkürzung.

Auf der normalen Fahrbahn steht ein kaputter Wagen, der die anderen Autos blockiert. Alle Fahrzeuge müssen warten, außer Sascha. Kurz vor Ende der Abkürzung steht noch ein kaputtes Auto, das ein Stück die Abkürzung blockiert. Sascha rammt den Wagen, aber ihm passiert nichts. Sascha gibt noch mal Gas und fährt durch das Ziel. Der Kommentator sagt: „Ein unglaublicher Sieg für Sascha! Mann, hat der heute ein Glück. Unglaublich!“

Sascha steht auf dem Siegerpodest.
Das Publikum brüllt: „Sascha, du bist der Beste.“
Der Bürgermeister gibt Sascha eine Urkunde, eine Medaille und einen Pokal. Sascha bekommt auch noch eine Champagnerflasche.
Er schüttelt die Champagnerflasche und spritzt mit dem Champagner rum.

Sascha freut sich sehr über den 1. Platz. ■

Kapitel 7

Das PIRATEN-Projekt

Piraten und Seefahrer

Verwegen, gefährlich, abenteuerlich, unermesslich reich: Das **Leben der Piraten** fasziniert nicht nur kleine Jungs.

Da in den letzten Jahren auch wieder die moderne Piraterie stark in den Medien vertreten ist, taucht das Thema in regelmäßigen Abständen immer wieder in unserer Kunstschule auf. Dabei sind die heutigen, reellen Piraten, die ganz ohne Augenklappe, Holzbein und Papagei auf der Schulter Öltanker kapern und die Reedereien erpressen, für die Kinder beinahe uninteressant. Fasziniert sind die Jungs von dem romantisch verklärten und klischeehaften Piratenbild aus der britischen Kolonialzeit, das ja durch einschlägige Filme in den letzten Jahren ein enormes Revival erlebt hat.

Die Jungs forschen nach dem Leben von Klaus Störtebecker, Sir Francis Drake, Anne Bonny und natürlich Edward Teach alias Captain Blackbeard. Dabei mischen sie historisch überlieferte Fakten mit kindlichem Halbwissen und der puren Fantasie. Das ist natürlich beim Thema Piraten völlig in Ordnung.

Piraten suchen Schatzkarten und Schätze, sie haben majestätische Schiffe mit großen Kanonen und erleben gefährliche Abenteuer. Piraten raufen, trinken und plündern, sie werden von der königlichen Flotte gejagt, sie schlagen sich mit Seeungeheuern und bösen Flüchen herum.

Unsere Jungs verkleiden sich gerne als Piraten, und das keinesfalls nur an Karneval. Sie fotografieren sich gegenseitig, fertigen Piraten-Fotomontagen an und gehen auf hohe See. Sie zeichnen Schatzkarten, bauen Schiffe, entwerfen Piratencomics und schreiben die spannendsten Piratengeschichten.

Die Piratenwelt ist eine große und **vielseitige Inspirationsquelle** für künstlerische Gestaltungen. Die Aneignung von Wissen geschieht quasi nebenbei. Aus Piratenbüchern erfahren die Kinder, wie die Piraten damals gelebt haben, wie Schiffe gebaut wurden und wie Piraterie heute funktioniert.

Medientipps:

- **www.piratenkram.de**
- Wild und verwegen übers Meer, CD und Buch
- Was ist was Junior, Bd. 14 – Piraten
- Was ist was, Bd. 71 – Piraten
- Piraten und Seefahrer, Verlag an der Ruhr

Schatzkarten

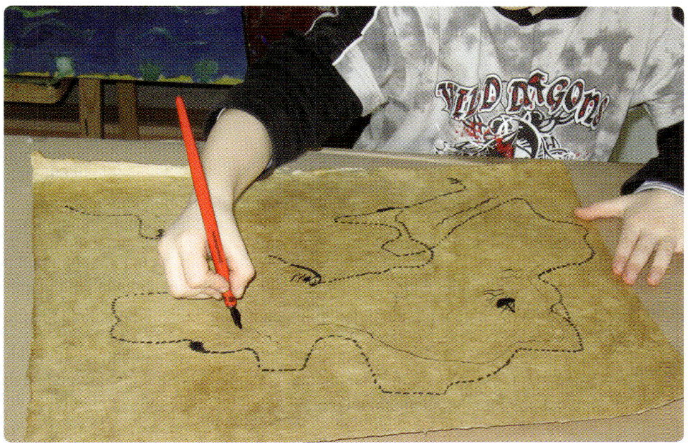

Materialien

handgeschöpftes bräunliches Papier oder gekauftes braunes Papier, schwarze Tusche, Tuschefedern und -halter, Kreiden, Buntstifte, Kohle, Haarspray

Los geht's

Essenziell für jedes Piratenleben ist die obligatorische Schatzkarte. Welches Ziel sollte ein Pirat auch sonst verfolgen, wenn nicht das Finden von Gold und ewigem Reichtum?

Geheimnisvolles Piratenpapier

So planen die Jungs mit Begeisterung eigene Schatzkarten. Auf das spezielle Piratenpapier zeichnen sie mit einer Tuschfeder Landschaften, Wege, geheime Zeichen und Hinweise. Wenn die Tusche getrocknet ist, können weitere Details mit Kohle, Kreiden und Buntstiften ausgearbeitet werden.
Zum Schluss werden die Karten leicht zerknittert und mit Haarspray fixiert. ■

Piratenschiffe zeichnen

Materialien

braunes Papier, Bücher über Piratenschiffe, Kohlestäbchen in verschiedenen Größen, Kohlestifte, Haarspray

Los geht's

Die Jungen suchen sich ein Schiff aus, das sie abzeichnen wollen, oder zeichnen ein Schiff nach eigener Fantasie. Damit die Bücher nicht schmutzig werden, eignen sich auch Schwarzweiß-Kopien zum Ansehen oder Abzeichnen.

Schiffe aus Kohle

Zuerst malen die Kinder mit dem Kohlestift das Schiff mit all seinen Details. Mit dünnen und mittleren Kohlestäbchen können Details oder bestimmte Linien nachgezeichnet, verstärkt oder ausgemalt werden. Für größere Flächen eignet sich dickere Kohle. Beim Verreiben der Kohle entstehen Schatten in den Segeln.

Bewegung im Bild

Die Wolken über dem Meer können auch schräg verrieben werden, so entsteht sogar angedeutete Bewegung im Bild. Die Bilder danach unbedingt sofort mit Haarspray fixieren, da die Kohle sonst schnell verwischt. ■

Piratenleuchte

Materialien

Kohlestifte und dünne Kohlestäbchen, Architektenpapier, Laminierfolien und Laminiergerät (Copyshop), Teelichter, Teelichtgläser

Los geht's

Piraten haben es sich früher abends mit reichlich Essen, Piratenliedern und Feuerschein gemütlich gemacht. Dazu stellen die Kinder hier eine stimmungsvolle Piratenleuchte mit Kerze in der Mitte her.

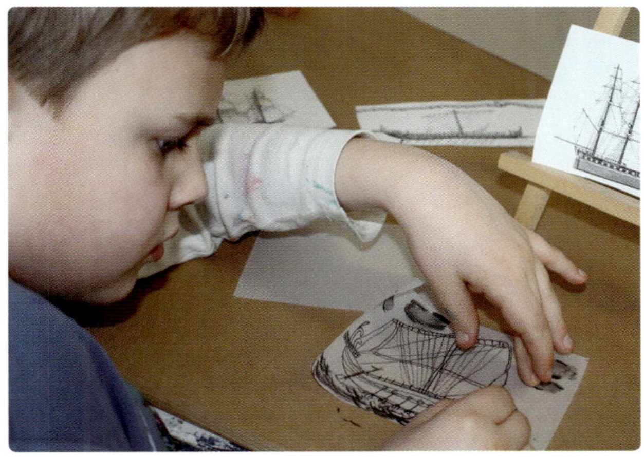

Piratenmotive auf Spezialpapier

Ein schönes Format ergibt sich aus Laminierfolien der Größe 10 x 15 cm. Diese und auch andere Maße werden in größeren Bürobedarfsläden oder im Copyshop angeboten. Die Jungs schneiden das Architektenpapier auf das Maß 9,5 x 14,5 cm zu. Jeder bekommt 3 Stücke Papier zum Zeichnen. Die Kinder zeichnen mit Bleistift ihre Piratenmotive vor und gestalten sie mit Kohlestiften und Kohle weiter aus.

So einfach entsteht die Piratenlampe

Anschließend lassen die Kinder die Zeichnungen von Ihnen laminieren, lochen sie an allen vier Ecken und binden sie mit dünnem Paketband zu dreieckigen Lampenschirmen zusammen.
Geknotet wird dabei an der Außenseite. Für einen gemütlichen Piratenabend zünden Sie Teelichter an (unbedingt in Teelichtgläsern) und stellen sie in die Mitte der Kunstwerke. ■

Piratenportrait

Materialien

Fotokamera, bunte Pastellkreiden, Schwarzweiß-Kopien der Fotos auf DIN A3

Los geht's

Die Jungen sind mittlerweile so vertieft in das Piratenleben, dass für sie die Grenzen zwischen Kunst und Realität fast schon verschwimmen. Jeder fühlt sich ganz selbstverständlich als echter Pirat.

Wir sind Pirat

Diesen Traum verwirklichen wir und halten dies in einem Piratenportrait fest. Zunächst verkleiden und schminken sich die Kinder als Piraten und fotografieren sich gegenseitig.

Piratenfotos machen

Auf das Foto kommen aber nur das Gesicht des Piraten und ein kleiner Teil des Oberkörpers. Das Gesicht sollte den größten Teil des Fotoformats ausfüllen. Die Kinder machen immer mehrere Aufnahmen.

Fotos verfremden

Entwickeln Sie die Fotos oder drucken Sie sie aus. Dann vergrößern Sie die Fotos auf dem Kopierer oder im Copyshop auf DIN A3. Diese Schwarzweiß-Kopien können die Jungs nun mit Pastellkreiden ganz nach belieben ausmalen oder verfremden.

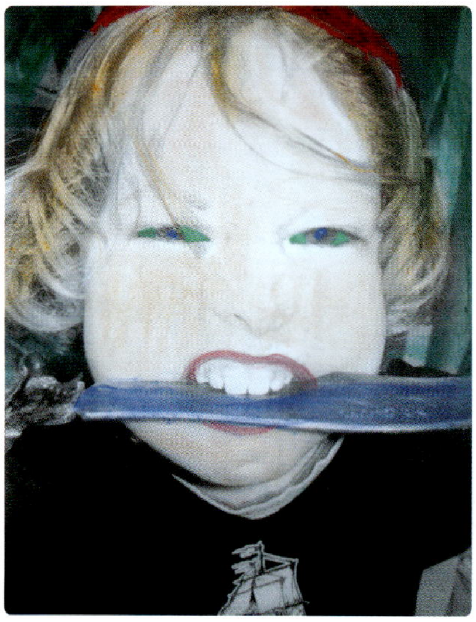

Piratenschiffe töpfern

Materialien

heller, lufttrocknender Ton, ca. 1 kg pro Schiff, Holzstäbe, weiße Tücher oder Stoffreste, Stoffmalfarben, Scheren, dünne Fäden, bunte Farben, Holzbrettchen oder Pappen als Unterlage

Los geht's

Der Besitz eines eignen Schiffes war für jeden Piraten zur Kolonialzeit der größte vorstellbare Status. Auch unsere kleinen Piraten erleben auf ihren selbstgebauten Schiffen die fantastischsten Abenteuer.

Schiffsrumpf und Masten bauen

Die Kinder formen auf einer Unterlage aus ihrem Tonstück einen einfachen Schiffsrumpf aus. Dünne Holzstäbe dienen als Masten für die Segel. Die Kinder stecken die Stäbe sofort nach dem Ausformen in den Ton. So verbinden sich die Stäbe mit dem Aushärten des Tons automatisch über Nacht mit dem Schiffsrumpf.

Segel zurechtschneiden und befestigen

Wenn das Tonschiff getrocknet ist, messen die Kinder die „Schiffsmasten" aus und berechnen so die Größe der Segel. Die Segel schneiden die Kinder aus Stoffresten zurecht. Auf die Segel werden dann mit Stoffmalfarben furchteinflößende Totenköpfe und andere Piratensymbole gemalt. Zum Schluss lochen die Kinder die Segel und befestigen sie mit Fäden an den Masten. ■

Piraten-Fotocollage

Materialien

Digitalkamera, PC, Tonschiff, Bildbearbeitungs-Software (z.B. „Microsoft Picture it"), digitale Meer- und Strandfotos, digitale Fotos der Kinder oder gemalte Bilder

Los geht's

Endlich stechen die Piraten in hohe See und überqueren den Ozean. Das Foto ist der eindeutige Beweis dafür! Doch bevor es losgeht, müssen noch ein paar Vorkehrungen an Land getroffen werden …

Auswahl der Fotosoftware

Bei diesem Angebot fügen die Kinder bereits vorhandene Fotos und plastische Objekte zu einer komplexen Fotocollage zusammen. Wir haben die Bildbearbeitung mit dem recht alten, aber einfachen Programm „Picture it" von Microsoft durchgeführt. Das Programm ist für Kinder leicht zu verstehen, da es nicht so komplex ist und einfach zu bedienende Grundfunktionen hat. Die Beschreibung ist exemplarisch für diese Software ausgerichtet. Mit ein wenig Bildbearbeitungs-Erfahrung funktioniert das natürlich auch mit ähnlichen Grafik-Programmen.

Meerfotos beschaffen und abspeichern

Haben die Kinder im letzten Urlaub das Meer fotografiert, oder verfügen deren Eltern über solche Fotos? Sie können sonst einfach aus dem Internet Meerfotos kopieren oder die Kinder Meerbilder malen lassen. Damit das Finden und Bearbeiten der Fotos gut gelingt, sollten Sie vorab einen Systemordner anlegen, in dem alle Fotos gespeichert und beschriftet werden: z.B. unter „Piratenfotos".

Piratenfotos machen

Alle Meerfotos und eingescannten Bilder werden in den Ordner „Piratenfotos" geladen und beschriftet. Jedes Kind sucht sich eines dieser Hintergrundmotive aus. Nun verkleiden sich die Jungs als Piraten und fotografieren sich gegenseitig. Dabei achten sie darauf, dass der ganze Körper auf dem Foto zu sehen ist. Die Kinder fotografieren sich sowohl im Profil als auch von vorne.

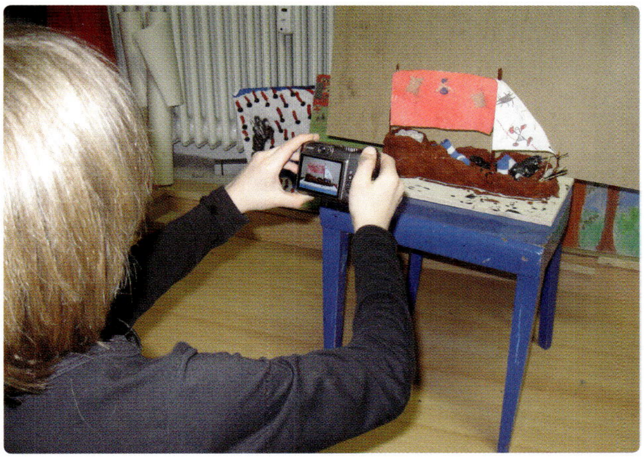

Piratenschiffe fotografieren

Dann fotografieren die Kinder ihre selbstgebauten Piratenschiffe aus Ton (s. S. 95), und zwar als formatfüllende Nahaufnahme. Damit das Freistellen des Schiffes für die Kinder später leichter ist, sollte das Schiff dazu auf einen Stuhl gestellt und zwischen Schiff und Stuhllehne ein Brett platziert werden. So ist das Schiff besser am Computer zu bearbeiten, da der Hindergrund des Fotos ruhig und gleichförmig ist.

Mit der Software experimentieren

Auch diese Fotos werden auf den PC übertragen und im Ordner „Piratenfotos" abgespeichert. Lassen Sie die Kinder nun ein wenig mit dem Grafik-Programm herumexperimentieren, damit sie Erfahrung und Sicherheit im Umgang damit bekommen. In der rechten Spalte werden verschiedene Optionen angeboten. Die Kinder klicken auf „Projekt erstellen", dann auf „Flugblätter/Broschüren". Auf „Flugblätter" und „Leer" klicken, dann rechts das querformatige Blatt anwählen. Es öffnet sich ein weißes Blatt. Unten links in der Leiste steht „Bild einfügen" Klickt man darauf, öffnet sich ein Fenster mit den Systemordnern. Nun den Ordner „Piratenfotos" wählen und ein Meerfoto öffnen. Nun erscheint auf dem weißen Blatt das ausgewählte Meerfoto.

Fotos importieren

An den orangenen Punkten können die Kinder das Meerfoto so verkleinern, dass es auf das weiße Blatt passt. Danach wird das Foto unter dem Namen

Piraten-Fotocollage

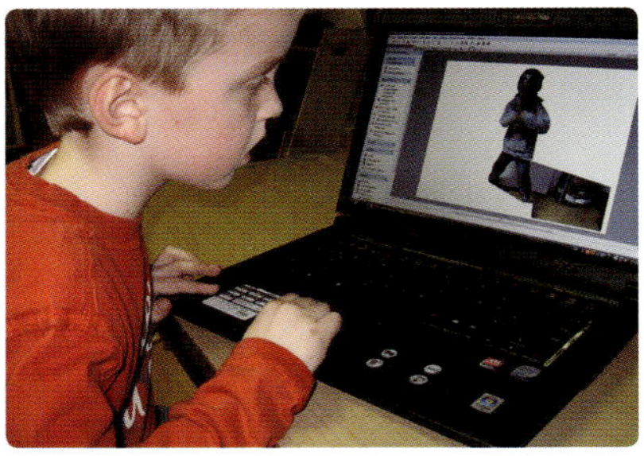

des Kindes im Piratenordner neu abgespeichert. Nun laden die Kinder das Foto des Tonschiffes in das Programm. Das Schiff muss nun freigestellt werden, damit es später auf dem Meerfoto platziert werden kann. Freistellen bedeutet, den Vorder- und Hintergrund eines Objektes zu entfernen. Das machen wir mit dem „Freihandtool". Die Funktion befindet sich in der oberen Leiste.

Fotos freistellen

Die Kinder umranden mit der Maus Schritt für Schritt das Schiff, und entfernen die überschüssigen Flächen. Nach jedem erfolgreichen Entfernen von Hintergrund immer zwischenspeichern. Ist das Schiff komplett freigestellt, speichern Sie auch dieses in „Piratenfotos" unter „Schiff XY freigestellt". Mit der gleichen Methode stellen die Kinder nun auch ihre Ganzkörperportraits frei und speichern diese unter „Pirat XY freigestellt" im Piratenordner ab.

Die Collage erstellen

Nun importieren die Kinder alle drei Bilder, den Meereshintergrund, das Schiff und das Portrait, in eine Datei (dazu wieder ein neues, weißes Blatt aufrufen). Jedes Mal auf „Bild einfügen" klicken und die entsprechenden Dateien auswählen. Die Kinder setzen das freigestellte Schiff vor den Hintergrund. Nun schwimmt das Schiff auf dem Meer. Jetzt kann der freigestellte Pirat auf das Schiff gestellt werden.

Experimentieren bis zur Perfektion

Die zwei freigestellten Objekte können noch vergrößert, verkleinert oder gestreckt werden, damit die Maßstäbe stimmen. Hier ist Ausprobieren und Experimentieren gefragt, bis das Ergebnis zufriedenstellend ist. Nicht vergessen, das fertige Bild unter sinnvollem Namen zu speichern, z.B. unter „fertige Collage XY". ■

11

13

Piratencomics

Materialien

schwarze Fineliner, schwarze dünne Filzstifte, Buntstifte, Papier

Los geht's

Alle Jungs lieben Comics. Der Pirat eignet sich optimal als Comic-Held, weil er sehr vielschichtig ist. Die Kinder transferieren die Comic-Piraten nicht selten in ihre Alltagswelt: Mal haben wir es mit einem unordentlichen Piraten zu tun, der seinen Dachboden nicht aufräumt, ein anderer Pirat fühlt sich einsam, und ein weiterer muss sich ein Boot leihen ...
Bevor es mit dem Piratencomic losgeht, sind kleine Vorbereitungen notwendig.

Comic-Vorlagen nutzen

Zeichnen Sie verschiedene Comic-Vorlagen mit unterschiedlicher Aufteilung der Bildkästchen mit einem dünnen schwarzen Filzstift vor, und kopieren die Blätter. Natürlich kann auch jedes Kind seine eigenen Kästchen mit eigener Aufteilung erstellen. Anhand eines gekauften Comics können, wenn nötig, die Aufteilung der Kästchen sowie die Platzierung von Sprechblasen, Gedankenblasen und Inhalten mit den Kindern besprochen werden.

Die Comics sorgfältig planen

Beim Anfertigen von Comics malen Kinder meistens, nachdem sie eine Figur gezeichnet haben, spontan die Sprechblase und tragen dann den Text ein, ohne vorher darüber nachgedacht zu haben, ob der Platz der Sprechblase auch ausreicht. Ist die Sprechblase viel zu klein geraten, passt der Text auch nicht hinein, und die Kinder ärgern sich sehr darüber. Daher ist es sinnvoll, sich zuerst einen Comicentwurf zu machen, die Bilder einzuteilen, den Text aufzuschreiben und erst am Schluss zu übertragen.

Die Comics entstehen

Es gibt noch einen weiteren Grund, unbedingt einen Comicentwurf vor dem Reinzeichnen anzufertigen: Es ergeben sich beim Malen und Texten während des Entstehungsprozesses noch viele neue Ideen. Durchgestrichene Wörter oder ständiges Radieren machen die Kinder unzufrieden. Erst, wenn der Comicentwurf fertig ist, übertragen ihn die Kinder ins Reine und malen ihn mit Buntstiften aus. Scannen Sie alle fertigen Comics ein und lassen Sie sie mit einer Ringbindung im Copyshop binden.

Ein Piratenbuch als Gruppenarbeit

Materialien

Papier (DIN A4 und großflächige Formate), verschiedene Stifte, feste und flüssige Farben und Kreiden aller Art, Bilderbücher, PC mit Grafikprogramm, Fotokamera (evtl. mit Stativ), evtl. Staffelei, evtl. Klemmbrett

Los geht's

Da „Piraten und Seefahrer" so ein lebendiges Thema ist und die Jungen aufgrund von Filmen und Büchern so viele unterschiedliche Ideen dazu haben, eignet es sich besonders gut, eine gemeinschaftliche Geschichte daraus zu entwickeln. Mehr als 6 Kinder sollten jedoch nicht daran teilnehmen, da es sonst zu schwierig wird, sich auf den Geschichtsverlauf oder die Charaktere zu einigen.

Die Geschichte entwickeln

Zuerst entwickeln die Kinder grob ihre Geschichte. Sie sammeln stichpunktartig verschiedene Ideen und schreiben sie auf.

- **Wo spielt die Geschichte?**
- **Wer ist die Hauptperson?**
- **Wie lebt diese Person?**
- **Hat der Pirat ein bestimmtes Ziel, einen Traum?**
- **Hat er einen Gegenspieler?**
- **Gibt es ein zu lösendes Problem?**

Besprechen Sie gemeinsam diesen Rahmen der Geschichte, verfolgen Sie ergiebige Ideen weiter, verwerfen Sie Ideen, die in Sackgassen führen.

Ein Piratenbuch als Gruppenarbeit

Details ausarbeiten

Wenn die ersten Handlungsabläufe stehen, arbeiten die Kinder wichtige Details aus. Wenn der Pirat auf Schatzsuche geht, wäre es wichtig zu wissen, warum er das tut.

- **Ist er arm oder reich?**
- **Was macht er mit seinen Schätzen?**
- **Hat er einen großen Wunsch?**
- **Hat er vielleicht bei jemandem Schulden?**

Mit gezielten Fragen können Sie die Kinder gut unterstützen. Helfen Sie den Kindern, Spannung aufzubauen, indem etwas Unverhofftes passiert und der Pirat vor Probleme oder Herausforderungen gestellt wird. Finden die Kinder unkonventionelle, fantasievolle Lösungen?

Den Text in Szenen aufteilen

Wenn der Text fertig ist, wird er in verschiedene Szenen aufgeteilt. Bei sechs Kindern sollten es mindestens sechs verschiedene Szenen sein, sodass jedes Kind ein Bild dazu malen kann. Auf dem ersten Blatt könnte z.B. der Pirat vorgestellt werden.

- **Wie sieht er aus?**
- **Wo ist er gerade?**

Das zweite Blatt könnte zeigen, wo der Pirat wohnt, was der Pirat gerade macht. Jedes Kind bekommt eine Textszene und setzt diese bildnerisch um. Falls die Kinder die Möglichkeit haben, einen Computer zu nutzen, gehört es natürlich dazu, den Text abzutippen. Die Kinder können auch abwechselnd den Text handschriftlich ins Reine schreiben. Dieser Text kann dann später zur Vervielfältigung eingescannt oder kopiert werden.

Bildnerische Umsetzung

Vor dem Malen sollten Sie den Kindern noch Folgendes erklären: Da alle sechs Kinder die Geschichte in Form eines Buches bekommen, müssen die Bilder durch Abfotografieren vervielfältigt werden. Zum Abfotografieren, aber auch zum Malen, eignen sich am besten große DIN-A2-Formate.
Wenn Kinder überwiegend gewohnt sind, auf kleinen Formaten zu arbeiten, neigen sie dazu, auf einem großen Format zu kleine Zeichnungen zu machen. Durch das Foto werden die Zeichnungen dann zu Minizeichnungen. Daher ist es besonders wichtig, die einzelnen Szenen großflächig zu zeichnen.
Wenn viel Text in einer Szene vorkommt, sollten Sie besprechen, was besonders wichtig in dieser Szene ist und unbedingt dargestellt werden sollte.

Ein Piratenbuch als Gruppenarbeit

➾ Bilder zum Text illustrieren

Als Anschauungsmaterial verschiedener Illustrationsstile sind Bilderbücher sehr gut geeignet. Dort sieht man gut, wie verschiedene Personen, Stimmungen oder Atmosphären mit unterschiedlichen Stilen, Materialien und Techniken dargestellt sind. Für die bildnerische Umsetzung malen die Kinder mit Kreiden, Buntstiften, wasserlöslichen Wachsstiften und flüssigen Farben. Zunächst zeichnen die Kinder die Konturen mit einem Bleistift und malen die Objekte anschließend aus. Dazu eignen sich besonders gut wasservermalbare Wachskreiden, für kleine Details Buntstifte. Zum Darstellen von Sand, Himmel, Wiese und Meer sind Pastellkreiden am besten, da verschiedene Töne einer Farbe miteinander vermischt und verrieben werden können. Danach die Bilder unbedingt mit Haarspray fixieren, damit sie nicht abfärben. ➾

Ein Piratenbuch als Gruppenarbeit

Vervielfältigung der Bilder

Die Kinder kleben die Bilder mit Tesakrepp an eine Staffelei oder eine Wand und fotografieren sie ab. Damit die Fotos nicht verwackeln, ist ein Stativ empfehlenswert. Es sollten mehrere Aufnahmen von den Bildern gemacht werden. Danach werden die Bilder in einem Systemordner abgespeichert und nummeriert.

Buchseiten zusammenstellen

Mit dem Bildbearbeitungs-Programm „Picture it" ist es kinderleicht, Fotos und Texte auf einer Seite zusammenzufügen (detaillierte Beschreibung s. S. 96): Das Programm öffnen, auf „Projekt erstellen", „Flugblatt" und „Leeres Blatt" klicken. Unten in der Leiste auf „Bild einfügen" klicken und dann das passende Foto aus dem Ordner auswählen. Die Datei mit dem abgespeicherten Text öffnen, die Szene zu dem Bild kopieren und unter dem Foto einfügen. Sie sollten auf den Seiten, die sich später rechts im Buch befinden, links neben den Fotos und Texten etwa 3–4 cm Platz lassen, damit genug Platz für die Bindung bleibt. Auf den linken Seiten muss dann rechts genug Platz bleiben. Speichern Sie die späteren Buchseiten einzeln ab und drucken Sie sie in Farbe aus.

Ein Piratenbuch als Gruppenarbeit

Buchbindung

Falls kein Computer vorhanden ist, können Sie die Fotos auch im Fotoladen vergrößern und vervielfältigen. Kleben Sie die Seiten am besten auf dickeres, weißes A4-Papier (ca. 150 g/m²). Im Copyshop werden verschiedene Bindungen wie Drahtbindung, Klebebindung und Klemmbindung angeboten.
Am stabilsten ist die Klemmbindung mit Hardcovermappen. Wenn die Kinder öfter Geschichten machen, lohnt es sich auf jeden Fall, ein eigenes, kleines Klemmbindegerät und Hardcoverbuchbindemappen anzuschaffen.

Die fertigen Bücher

Die Jungen freuen sich enorm über ihre Bücher und sind sehr glücklich über ihre selbst ausgedachten Geschichten. Wieder und wieder blättern sie die Bücher durch und lesen ihre Geschichten Freunden und Eltern vor. Ein richtiger Autor sein, macht einfach stolz.

Der Pirat in New York

Der Pirat wohnt in einer Höhle auf der Insel Pahejo. Jeden Freitag zählt er seinen Schatz, ob er noch ein paar Cent hat. Sein Schatz lagert im Tresor. Der Pirat ist arm.

Der Pirat sagt: „Mensch, ich müsste mir unbedingt ein größeres Schiff kaufen, aber dafür brauche ich noch ein paar Cent mehr."
Der Pirat fängt überall mit seinem Papagei zu suchen an, aber er findet keinen Cent mehr.
Er sucht unter großen und kleinen Steinen und an der Palme. Dann geht er am Stand entlang durch den Sand zurück.

Auf einmal merkt er etwas unter seinen Füßen. Und zu seinem Glück ist es die Hälfte einer Schatzkarte. Er geht zur Palme zu seinem kleinen Bötchen. In dem Boot ist kein Segel, es hat nur Paddel und eine Flagge. Der Pirat holt ganz viele Kokosnüsse und Bananen und bringt sie ins Boot als Vorrat.

Das Boot liegt schief im Wasser, weil es durch den Proviant auf der einen Seite so schwer ist. Der Pirat rudert ganz wild, sodass Geschwindigkeitskreisel am Paddel entstehen. Plötzlich zerbricht ein Paddel.

Der Pirat ärgert sich: „Mist, jetzt ist das Paddel gebrochen, hoffentlich bricht das andere Paddel nicht auch noch."
Der Papagei sagt: „Wenn das andere Paddel auch noch bricht, können wir nicht weiterfahren."
Der Pirat sagt: „Halt doch deinen Mund, du Hühnchen!" →

Der Pirat in New York

Kindergeschichte

Der Pirat kommt nur langsam voran mit nur einem Paddel. Nach zwei Meilen entdeckt er ein Segeltuch im Meer. Er sagt: „Cool, ein Segeltuch! Das habe ich ja schon immer gebraucht."

Er nimmt ein Seil und wirft es bis zum Segel. Beim zweiten Versuch klappt es erst. Der Pirat zieht das Segel heran und entdeckt einen Teil einer Schatzkarte. Der Pirat nimmt das abgebrochene Paddel und das Seil und legt das Segeltuch darüber. Er schaut sich das Segel genau an.

Der Pirat sagt: „Das ist ja genau die gleiche Schrift wie auf der anderen Schatzkarte." Der Pirat freut sich und holt eine Banane. Er beißt in die Banane und schmiert den Rest der Banane auf das Segel. →

Der Pirat in New York

Dann klebt er die Hälfte der Schatzkarte mit Bananenkleber auf das Segel und schaut sich die ganze Schatzkarte an. Auf einmal bemerkt er, dass er auf dem falschen Weg fährt, und dass das Boot in eine Haifischquelle geraten ist.
Der Papagei sagt: „Ach, ist ja nicht so schlimm, ich sehe ja noch keine Haie."
Der Pirat sagt: „Pass du lieber auf, dass du nicht selber vom Hai gefressen wirst."

Auf einmal kommen Haie ganz nah ans Boot und reißen ihre Mäuler auf.
Der Papagei sagt ganz aufgeregt: „Pass auf, die Haie greifen von hinten an!"
Der Pirat schreit ganz laut: „Hilfe!"
Er schreit so laut, dass es ein Echo gibt.
Der ältere Hai sagt zu den anderen Haien: „Ich habe schon viele Erfahrungen mit anderen Menschen, schnell weg hier."

Der Pirat fährt nach Norden, Richtung Amerika.
Er sieht viele Wolkenkratzer und Hochhäuser.
Als der Pirat in New York ankommt, legt er am Hafen an. Er geht in die Stadt zu den Hochhäusern. Der Pirat sagt: „Hier ist ja alles ganz anders. Ich sehe ja überhaupt keine Palmen."
Der Papagei sagt: „Hier gibt es natürlich keine Palmen, wir sind doch in New York."
Der Pirat läuft weiter durch die Straßen. Auf einmal fällt ihm eine Goldmünze auf den Kopf.
Der Pirat schreit: „Aua, da ist mir ein Stein auf den Kopf gefallen."
Der Pirat schaut auf den Boden und sieht eine Goldmünze.
Dann schaut er nach oben und sieht auf dem Dach eine Schatztruhe.
Der Pirat freut sich: „Juchhu, ich habe den Schatz gefunden." →

Der Pirat in New York

Kindergeschichte

Dann geht er ins Hochhaus zum Fahrstuhl, drückt den Knopf 208 und rennt ganz schnell zur Schatztruhe. Er sammelt das Gold vom Dach ein und tut es in die Schatztruhe. Der Pirat freut sich so viel, dass er vergisst, wo der Fahrstuhl ist. Dann läuft er 1000 Treppenstufen runter.

Dann läuft der Pirat durch die Stadt und sieht ein Schild. Auf dem Schild steht „Architekt“. Er geht in den Laden und fragt: „Kann ich noch ein Haus kaufen?“
Der Architekt sagt: „Ich hätte noch ein Hochhaus und ein 5-Sterne-Hotel zu verkaufen.“
Der Pirat sagt: „Ich nehme das Hochhaus.“
Sie fahren mit dem Auto des Architekten zum Hochhaus. Der Pirat sagt: „Ich möchte gerne das Hochhaus kaufen.“
Der Architekt sagt: „Das Hochhaus kostet 10 Goldstücke.“ Die beiden fahren wieder zurück zum Architektenladen, und der Pirat bezahlt das Haus.

Dann fährt der Pirat wieder zum Hochhaus und schwimmt in seinem Schwimmbad. ■

Literatur- und Internettipps

Literaturtipps

Birgit Brandenburg:
Kandinsky für Kinder.
Eine Werkstatt.
Kl. 3–4, Verlag an der Ruhr, 2008.
ISBN 978-3-8346-0436-1

Stephanie Cech-Wenning:
Gustav Klimt. Eine Werkstatt.
Kl. 3–4, Verlag an der Ruhr, 2008.
ISBN 978-3-8346-0435-4

Jennifer Gisbertz:
Grundwissen Kunstdidaktik.
Ausgewählte Aspekte
der Didaktik der Primarstufe.
Auer, 2010.
ISBN 978-3-4030-4097-2

Petra Kathke:
Sinn und Eigensinn des Materials.
Projekte, Anregungen und
Aktionen. Band 1.
Cornelsen Scriptor, 2001.
ISBN 978-3-589-25326-5

Petra Kathke:
Sinn und Eigensinn des Materials.
Papier und Pappe, Farbe,
Stoffe und Textilien, Schnur,
Draht und Faden. Band 2.
Cornelsen Scriptor, 2001.
ISBN 978-3-589-25327-2

Winfried Kneip, Sabine Prüfer:
Piraten und Seefahrer.
Sachinfos, Geschichten, Lieder,
Spiel- und Bastelideen.
5–10 J., Verlag an der Ruhr, 2008.
ISBN 978-3-8346-0430-9

Andrea Reinhardt:
Kunst-Highlights für Herbst
und Winter. Kurze Projekte
für 5- bis 10-jährige.
Verlag an der Ruhr, 2010.
ISBN 978-3-8346-0705-8

Christine Richter:
Jeder ist ein Künstler –
30 Wege dorthin.
Prestel Verlag, 2005.
ISBN 978-3-7913-3406-6

Diemut Schilling:
MUS-E® Edition – Das bin ich.
Bildnerisches Gestalten
mit Kindern.
6–10 J., Verlag an der Ruhr, 2005.
ISBN 978-3-86072-942-7

Diemut Schilling:
MUS-E® Edition – So seh ich das!
Bildnerisches Gestalten
mit Kindern.
6–10 J., Verlag an der Ruhr, 2005.
ISBN 978-3-86072-965-6

Viola Werner:
Meine Farben tanzen.
Kinder-Kunstideen mit Bewegung.
6–10 J., Verlag an der Ruhr, 2010.
ISBN 978-3-8346-0555-9

Jakobine Wierz:
Aber ich hab doch zwei linke
Hände! Werken unterrichten
für „Ungeschickte".
Kl. 1–5, Verlag an der Ruhr, 2005.
ISBN 978-3-8346-0001-1

Internettipps

- www.das-fliegende-atelier.de
- www.kinder-machen-buecher.de
- www.kinder-machen-fotos.de
- www.lagjungenarbeit.de
- www.jungenart.de

Verschiedene Internetauftritte der Kinderkunstschule Bochum „Das fliegende Atelier e.V." und der Fachstelle Jungenarbeit NRW.

Die in diesem Werk angegebenen Internetadressen haben wir geprüft (Stand Juli 2010). Da sich Internetadressen und deren Inhalte schnell verändern können, ist nicht auszuschließen, dass unter einer Adresse inzwischen ein ganz anderer Inhalt angeboten wird. Wir können daher für die angegebenen Internetseiten keine Verantwortung übernehmen.

Verlag an der Ruhr

Postfach 10 22 51
45422 Mülheim an der Ruhr

Telefon 05 21 / 97 19 330
Fax 05 21 / 97 19 137

bestellung@cvk.de
www.verlagruhr.de

Es gelten die Preise auf unserer Internetseite.

Bildbetrachtung – aktiv
90 Ideen für Grundschulkinder
Susanne Vogt
6–10 J., 112 S., A4, Paperback, farbig
ISBN 978-3-8346-0299-2
Best.-Nr. 60299
19,50 € (D)/20,– € (A)/34,20 CHF

Medienset Bildbetrachtung – aktiv
25 Farbfolien und CD-ROM
6–10 J., 25 farbige A5-Folien mit CD-ROM in praktischer Aufbewahrungsmappe
ISBN 978-3-8346-0556-6
Best.-Nr. 60556
19,80 € (D)/20,35 € (A)/34,70 CHF

MUS-E® Edition – Künstler für Kinder
Ich kann mich verwandeln!
Kunstanregungen, die Fantasie sichtbar machen
Armin Kaster
5–10 J., 112 S., A4, Paperback, farbig
ISBN 978-3-8346-0496-5
Best.-Nr. 60496
21,– € (D)/21,60 € (A)/36,80 CHF

MUS-E® Edition – Künstler für Kinder
Schule innen schöner machen!
Kunstprojekte für Kinder
Silke Bachner, Sabine Kehse
6–12 J., 112 S., A4, Paperback, farbig
ISBN 978-3-8346-0494-1
Best.-Nr. 60494
21,– € (D)/21,60 € (A)/36,80 CHF

MUS-E® Edition – Künstler für Kinder
Schule außen schöner machen!
Kunstprojekte für Kinder
Silke Bachner, Sabine Kehse
6–12 J., 113 S., A4, Paperback, farbig
ISBN 978-3-8346-0495-8
Best.-Nr. 60495
21,– € (D)/21,60 € (A)/36,80 CHF

30 x Kunst für 45 Minuten – Klasse 1/2
Kurze Projekte für schnelle Erfolge
Birgit Brandenburg
Kl. 1–2, 95 S., A4, Paperback, farbig
ISBN 978-3-8346-0625-9
Best.-Nr. 60625
19,80 € (D)/20,35 € (A)/34,70 CHF

30 x Kunst für 45 Minuten – Klasse 3/4
Kurze Projekte für schnelle Erfolge
Gerlinde Blahak
Kl. 3–4, 94 S., A4, Paperback, farbig
ISBN 978-3-8346-0626-6
Best.-Nr. 60626
19,80 € (D)/20,35 € (A)/34,70 CHF

Mit Fingern und Fäden
Einfache Textiltechniken – Schritt für Schritt
Svenja Maibaum
6–10 J., 72 S., A4, Papphefter (mit farbigen Abb.)
ISBN 978-3-8346-0375-3
Best.-Nr. 60375
19,50 € (D)/20,– € (A)/34,20 CHF

Kunst erleben und entdecken